지쳤다는 건
노력했다는 증거

윤호현 지음

mindset

지쳤다는 건
노력했다는 증거

윤호현 지음

mindset

contents

1.

100명 중 4명 꼴로 있다는
소시오패스 특징

1. 마치 상대방을 위해 주는 것처럼 행동한다.

'이게 다 너를 위한 거야.'라는 말이 이들의 치트키다. 이들은 어떤 불쾌한 행동이나 무례한 말을 하더라도, 항상 그 끝에 '이게 더 너를 위한 거야.'라는 문장을 덧붙인다. 그러니 상대방은 '어? 진짜 나를 위하는 건가?'라는 생각이 들어 혼란스러울 수밖에 없다. 많은 사람들이 이들의 화법에 속아 이들에게 조종을 당한다. 그러니, 이 사람이 나를 진짜 걱정하는 건지, 아니면 나를 조종하는 건지 애매하게 느껴진다면, 그 감정을 상대방에게 되물어라. '진짜 나를 위해서 하는 행동과 말이 맞아?'라고. 여러분이 반문할 거라 예상하지 못했던 상대방은 당황하며 말끝을 흐릴 것이고, 다시는 그런 행동과 말을 하지 않을 것이다.

2. 상대방의 아픔과 고통에 무감각하며, 때로는 거기서 희열감을 느낀다.

이들은 상대방이 괴로워하고 고통을 느껴도 아무런 감정의 동요를 느끼지 못한다. 오히려 자신이 괴롭히는 상대방이 힘들어할 때, 자신의 영향력이 이처럼 크다는 우월감을 통한 희열을 느끼기도 한다. 인지심리학자이자 아주대학교 심리학과 교수인 김경일은 '소시오패스란 자신의 성공을 위해서는 수단과 방법을 가리지 않고 나쁜 짓을 저지르며 이에 대해 전혀 양심의 가책을 느끼지 않는 사람을 뜻한다.'라고 말했다. 이처럼 나의 목적을 위해서는 상대방의 아픔과 고통 따위는 아무렴 괜찮다고 느끼는 사이코패스들에게는 감정의 동요를 보이지 않아야 한다. 그들에게 아픔과 괴로움, 고통을 보여주는 순간 그 아픔에 공감하기는커녕 여러분의 약점을 더 깊게 도려내고 이용할 것이다.

3. 자신의 탓을 남 탓으로 돌린다.

자신의 잘못이 분명한데도 핑계를 찾기에 급급하다. 이들은 모든 문제를 자신의 외부에서만 찾으려 한다. 스스로의 실수를 인정하기보다, 어떻게든 남탓을 하며 그 책임에서 벗어나려 하는 것이다.

인지하지 못하고 있었을 뿐, 주변을 자세히 살펴보면 이런 특징을 가진 사람들이 꽤나 있다. 말로는 '너를 위한 거야.'라며 나의 가능성을 자신이 함부로 제한하고, 본인의 잘못을 나에게 뒤집어씌우기 급급하며, 어떻게든 자신의 손아귀안에 나를 가둬

놓고 싶어하는 사람들. 놀랍게도 이런 유형은 대개 오래된 친구나 가까운 지인에게서 많이 발견된다. 오래 알고 지냈으니, 나를 편하게 생각하고 나에 대해 많은 것을 안다고 믿는 사람들이다. 지금까지 우리는 이런 사람들에게 굉장히 많은 상처를 받고, 또 부정적인 영향을 받아왔다. 나의 가능성을 내가 스스로 제한하고, 그들의 말이 정답인 양 믿으며 말이다.

그러나 이제는 절대 그럴 필요가 없다. 나를 불쾌하게 만들고 조종하려는 사람이 있다면 설령 그 사람이 몇십년 지기 친구라도 거리를 둬야 하며, 심할 경우에는 확실하게 끊어내야 한다. 이런 사람에게 내 소중한 에너지를 쓸 바에야 미래지향적이고 긍정적인 사람들과 어울리며 더 행복한 인생을 위한 시간을 보내야 한다. 그 누구도 함부로 나의 인생을 조종할 수 없고, 재단할 수 없으며, 평가할 수 없다. 그러니 절대 잊지 말자. 에너지 뱀파이어와 소시오패스들의 비난이나 무례함에 흔들릴 필요도, 머뭇거릴 필요도, 주저할 필요도 없다는 걸. 좋은 사람들, 긍정적인 사람들과 함께 더 나은 인생을 만들어 가는 데만 집중하자.

2.

자존감 높은 사람들은
이런 마인드로 인생을 산다.

1. 모든 사람들에게 사랑받을 순 없다.
누군가의 광대가 되기보다 나의 인생에 주인공으로 살자.

자존감이 높은 사람들은 타인의 눈치를 크게 신경 쓰지 않는다. 그렇다해서 무례하거나 선을 넘는 행동이나 말을 하는 건 아니다. 그저, 모든 사람들에게 사랑 받을 수 없다는 걸 너무나도 잘 인지하고 있고, 그렇기에 남의 눈치를 보지 않고 하고 싶은 것들을 주도적으로 해나가는 것이다.

고대 철학가 공자의 논어에는 '인부지이불온 불역군자호(人不知而不慍 不亦君子乎)'라는 문장이 있다. 이 말인즉슨, '남들이 자신을 알아주지 않아도, 속으로 서운해하는 마음을 갖지 않는 사람이 진실로 군자다.'라는 뜻이다. 남들이 자신을 잘 봐주길 원하는 마음, 더 나은 사람, 좋은 사람으로 생각해줬으면 하는 마음은 지극히 자연스러운 인간의 본능이다. 하지만, 그 마음이 과해지면 결국 상대방의 광대가 될 수밖에 없다. 추가로 공자는 〈논어〉에서 '고지학자위기, 금지학자위인(古之學者爲己, 今之學者爲人)'이라는 말을 남겼다. '예전에 배우는 사람들은 자신을 갈고 닦는데 힘썼지만, 오늘날 배우는 사람들은 남에게 인정 받는 데에만 힘쓴다.' 라는 뜻이다.

남에게 잘 보이기 위해 스스로가 진정으로 하고 싶은 것들, 해야 하는 것들을 미루지 말자. 모든 사람들에게 사랑 받을 수는 없다라는 사실을 마음 깊숙이 깨닫고, 나를 위한 인생을 살기 위해 노력한다면 훨씬 더 행복한 삶을 살 수 있을 것이다.

2. 스스로에 대한 확신은 경제적 여유에서 나온다.

자존감이 높은 사람들은 대부분 자신의 분야에서 괄목할만한 성과를 이루고 어느 정도 경제적인 여유가 뒷받침되는 경우가 많다. 돈이 인생에서 가장 중요한 가치 중 하나라는 것은 자본주의 사회를 살고 있는 사람들이라면 100% 동의할 수밖에 없을 것이다. 자신의 능력으로 부를 일군 사람들은, 언제든 돈을 벌 수 있다라는 확신이 있고, 또 스스로가 이룬 성과의 결과물이 돈으로 환산되었기에 자존감이 높을 수밖에 없다. 누군가를 만나도 '오늘은 누가 밥을 살까?' '이거 얼마 정도할까?'라는 고민을 하지 않고 기분 좋게 밥값을 내며, 삶의 중요한 결정을 내릴 때도 '돈 때문에' 결정을 포기하는 경우가 없다.

전세계적인 명작 〈이방인〉을 집필한 소설가 알베르 카뮈는 '당신이 불행한 부자라 해도 가난한 것보다는 행복하다.'라는 명언을 남겼다. 경제적 여유를 갖추기 위해 끊임 없이 노력하자. 돈이 인생의 전부는 아니지만, 행복을 즐기기 위한 대부분의 활동들을 하기 위해서는 돈이 필요하다.

3. 어떤 일이든 하지 말아야 할 변명보다는 해야 할 이유를 찾자.

자존감이 낮은 사람들은, 타인의 인정을 갈구한다. 그러다 보니 자신은 상대방에게 굉장히 '좋은 사람' '뭐든지 잘하는 사람'으로 보여야 하기에 새로운 것들을 하기 두려워한다. 설령 무언가를 했을 때 좋지 않은 결과가 나오면 상대방이 자신을 무시하지는 않을까 걱정하기 때문이다. 그래서 이들은 계속해서 상황을 변명으로 일관한다. 환경탓, 시간탓, 사람탓.. 그러나 그렇게 계속해서 변명을 한다한들 상황은 나아지지 않는다. 되려, 그렇게 변명으로 일관하는 사람들의 신용과 평판만 떨어져, 주변에 사람들이 없어지기 마련이다. 그렇기에 변명보다는 이유를 찾아야 한다. 문제를 스스로에게 찾고, 반성한 뒤 더 나은 미래를 준비하기 위한 대비책을 세워야 한다. 이것은 새로운 것을 접하는 태도에서도 적용된다. '나이가 많아서..' '레드오션이라서..' '돈이 안 돼서..' 해보지도 않고 하지 말아야 할 변명만 찾는다면 발전은 없다. 그렇기에 일단 하기로 마음 먹었으면 불완전하더라도 바로 시작해보자.

전세계 45,000개의 프랜차이즈 매장을 보유하고 있는 '서브웨이'의 공동 창업자 프레드 드루카는 자신의 저서 〈Start small, finish big〉에서 이런 말을 했다. '과도한 준비를 하지 마라. 완벽한 시작은 없다.' 그는 사업 과정을 준비 → 조준 → 발사가 아니라, 준비 → 발사 → 조준이라고 말했다. 일단 발사한 뒤, 다시금 조준을 하는 것이다. 이처럼, 처음부터 완벽할 수 없고, 또 완벽하게 보일 필요도 없다. 그러니 빨리 도전하고 해야 할 이유를 찾아 꾸준히 앞으로 나아간다면 훨씬 더 좋은 결과를 어들 수 있을 것이다.

4. 상대방에게 의존하면 그 관계는 서로에게 부담이 된다.

만났을 때 굉장한 부담을 주는 사람들이 있다. 그들은 연애든, 친구관계든 모든 걸 타인에게 의존한다. 상대에게 인생의 중요한 결정을 맡기는 건 당연할뿐더러, 사소한 선택도 상대에게 의존한다. 이들이 선택을 두려워하는 이유는 단 하나다. '자신이 다른 사람의 도움 없이는 아무것도 하지 못하는 존재다.'라고 생각하기 때문이다. 이런 '의존성 성격'은 상대방에게도 큰 부담을 준다. 이런 사람들에게 한시 빨리 필요한 것은 '스스로 선택하는 힘'이다. 이들은, 자신의 선택이 틀리거나 실패해도 '괜찮다.'라는 것을 가슴 깊이 느낄 필요가 있다.

주변에 자존감 높은 사람들은 대부분 인생의 결정을 스스로가 내린다. 상대방의 의견을 참고는 하되, 의존하고 따르지는 않는다. 그렇게 주도적으로 결정을 하기에 설령 실패하더라도 배우고 성장한다.

5. 모든 역경은 걸림돌이 아니라, 나의 발전을 위한 디딤돌이다.

미 해군 최초의 여성 장교였던 동양인 여성 '수잔 안 커디'(안수산)는 1915년 세계 1차 대전 중이던 미국 LA에서 태어났다. 그녀는 1941년, 미국이 제2차 세계대전에 참전했을 때 미국 해군에 자원 입대하려 했지만 동양인이라는 이유 하나로 장교시

험에서 떨어졌다. 그러나 그녀는 포기하지 않았다. 이후 재도전 끝에 장교가 됐지만 그 후에도 자신의 명령에 불복종하는 백인 부하와, 인종차별에 계속해서 고통 받아야 했다. 하지만 그녀는 그런 역경에도 포기하지 않고 계속해서 스스로를 입증하려 노력했고 그 결과 퇴역한 후에는 NSA(국가안보국) 소련 지부장으로 근무를 하기도 했다. 만약 그녀가 동양인이라서, 여성이라서, 안 된다라는 생각을 했다면 결국 아무 일도 일어나지 않았을 것이다. 그러나 그녀는 오히려 그 걸림돌을 디딤돌로 삼았고, 결코 포기하지 않았다.

이처럼 모든 문제는 관점에 달려있다. 같은 돌을 봐도 누군가는 걸림돌이라고 생각하고, 또 누군가는 디딤돌이라고 생각한다. 어떤 문제든 해결할 수 있다는 강력한 마음가짐으로 인생을 살아간다면 단언컨대 훨씬 더 발전적인 삶을 살 수 있을 것이다.

3.

과한 겸손이 위험한 이유

1. 스스로가 스스로를 낮추면 상대방도 나를 얕잡아본다.

　작사가 김이나는 웹예능 '문명특급'에서, "작사가에게는 작사비라는 게 있다. 그런데 예전에는 작사비를 따로 안 받았다. 저작권료만으로도 많이 들어오니 굳이 받을 필요가 있나 싶어서 얘기하는 거 자체가 쑥스러웠다. 그런데 받아야겠다라고 생각한 계기가 있다. 바로, 클라이언트들이 후배 작사가들에게도 '김이나도 안 받아.'라고 하며 작사비를 안 받길 요구하는 걸 알게 된 뒤다. 좋은 마음으로 돈을 안 받은 것이 후배들에게도 영향이 갈 줄은 몰라서 다시 작사비를 받기로 했다."라고 말했다. 좋은 마음으로 하는 것은 좋지만, 그 좋은 마음을 악용하는 사람들이 있다. 그렇기에 내가 굳이 나를 낮출 필요는 없다. 당당하게 요구하고, 스스로를 드러내야 한다. 자만심을 부리라는 말이 아니다. 스스로의 능력을 스스로가 '겸손'이라는 명목으로 깎을 필요는 없다라는 말이다.

2. 과한 겸손은 예의가 아니다.

　'과공비례(過恭非禮)'라는 사자성어가 있다. '공손함도 지나

치면 예의에 벗어나는 것이다.'라는 말이다. 누군가가 자신을 칭찬하거나 띄워주면 적당한 선에서 겸손함을 표현해야지, 계속해서 부정하면 상대에게 큰 무례를 저지르는 것과 마찬가지다. 예를 들어 상대방이 나에게 '웃는 게 참 예쁘시네요.'라고 했는데, '에이, 아닙니다. 저는 웃는 게 콤플렉스인데요.'라고 대답한다면, 상대방의 칭찬을 부정하는, 무례한 대처가 될 수도 있다는 것이다. 그럴 때는 '잘 봐주셔서 감사합니다. 그런데 00님도 오늘 입은 옷이, 정말 잘 어울리세요.'라는 식으로, 상대방의 칭찬에 감사함을 표하고 상대방의 칭찬거리를 찾는 게 서로에게 훨씬 더 좋은 이미지를 각인시켜준다.

사람들 앞에서 보여주기 식으로 자기 자랑을 하거나 위선적인 모습을 보이는 건 분명 자제할 필요가 있지만 지나치게 나를 낮추거나 겸손함을 보이는 행동 또한 경계하고 삼가야 한다. 반복되는 애매한 겸손은 오히려 자존감을 낮추고 자신감을 떨어뜨릴 수 있기 때문이다. 우리의 생각과, 말이 가진 힘은 예상보다 강력하다. '별 거 아닙니다.' '저는 한 게 없습니다.'같이 겸손을 위해 했던 말들이 나중에는 나를 망치는 독이 될 수도 있다는 것이다. 어느 정도 선에서 겸손하되, 스스로의 자존감과 자신감을 지켜야 한다. 만약 겸손을 상대에게 보여주더라도 속으로는 '나는 대단한 사람이야.' '나는 잘 해오고 있어.'라며 스스로를 다독여 줄 필요가 있다. 물론 지금 일이 잘 풀리는 건 '운'이 좋았을 수도 있고 '타이밍'이 잘 맞았을 수도 있다. 그러나 운도, 타이밍도 당신의 실력이 없으면 잡을 수 없음을 잊지 말아야 한다. 결국 당신이 해냈다는 사실을 결코 잊어서는 안 된다. 긍정적인 생각을 반복하며 '나는 또 해낼 수 있어.'라며 자존감과 자신감을 갖고 지금처럼 나아가라. 당신의 생각이 당신의 하루를 바꾸고, 당신의 마음가짐이 당신의 인생을 바꿀 것이다.

4.

다이어리에 적어놔야 할 삶의 지혜 7가지

1. 많은 이를 아는 게 운을 늘리는 데 최고다.

취업포털 사람인은 직장인 2000여명을 대상으로 '성공을 위한 인맥의 필요성'에 대해 조사한 결과, 무려 98.4%가 '인맥이 성공에 필요하다.'라고 답했다는 결과를 발표했다. 이처럼 대한민국 사회에서 인맥이란 무시할 수 없는 성공의 사다리다. 물론 내가 아무런 실력이 없고 상대방에게 제공할 수 있는 게 없다면, 인맥은 큰 영향력을 발휘하지 못한다. 다만, 내가 열심히 내 분야에서 최선을 다하고, 실력을 쌓으며 기회를 노리며 그 분야에서 나에게 도움을 줄 사람들을 만나 그들을 내 사람으로 만든다면 분명 혼자 무언가를 해보려 애쓰는 사람보다 훨씬 더 좋은 기회를 얻을 것이다.

2. 도와준 이들에게 감사하는 시간을 가져라.

　미국의 방송인이자 4조가 넘는 자산을 보유한 오프라 윈프리는 굉장히 불우한 어린 시절을 보냈다. 하지만 그녀는 그 불우한 어린 시절을 극복하고, 세계 최고의 토크쇼 '오프라 윈프리 쇼'를 진행하며 많은 사람들에게 웃음과 감동을 전달했다. 그녀가 그렇게 선한 영향력을 펼치며 세계 최고의 부자가 될 수 있었던 이유는 바로 항상 '감사함'을 잊지 않았기 때문이다. 그녀는 수많은 자선 활동뿐만 아니라 10년 넘게 감사 일기를 빠뜨리지 않고 계속 쓰고 있다고 한다. 그녀는 '어떤 일이 일어나더라도 감사의 마음을 잊지 않고 있다. 그것을 깨달았을 때 인생의 많은 기회와 돈이 나에게 다가 오는 걸 느꼈다.'라고 말했다. 뿐만 아니라 이렇게 받은 것들에 대해 감사하는 마음을 가졌을 때 비로소 나에게 행복이 찾아오며, 더 큰 성공이 찾아오게 된다. 항상 감사함을 잊지 말자.

3. 잠은 충분히 자라.

잠을 설쳐, 수면이 부족했던 다음 날 유난히 스트레스를 받거나 무기력해지는 것을 느낀 적이 있을 것이다. 세계 보건 기구(World Health Organization, WHO)에 따르면 인간에게는 하루 8시간의 수면이 필요하다. '랜디 가드너'라는 미국의 한 고등학생이 있었다. 이 학생은 항상 잠의 필요성에 대해 의문을 가졌고, '잠을 안 자면 어떻게 되는가?'라는 고등학교 과학 프로젝트 주제를 선택해 실제로 스스로가 실험 대상이 되었다.

그리고 그는 자그마치 11일이 넘는 시간 동안 깨어 있어 기네스북을 달성했다. 하지만 이 실험 결과는 가드너의 생명에 위협을 줄 정도로 악영향을 끼쳤다. 실험 4일째, 그는 자신이 프로 풋볼 선수라고 착각했고 담당 의사가 자신의 실력을 의심하자 분을 참지 못했다. 성격이 엄청나게 신경질적으로 변한 것이다. 그리고 실험 6일째, 그는 단기기억상실증을 앓고, 근육을 마음대로 제어할 수 없게 됐다. 안구와 손가락 떨림이 심하게 나타났으며 눈을 뜨기조차 어려운 상태가 됐다. 이처럼 수면은 우리 삶에 굉장히 중요하다. 잠을 극도로 줄여 해야 될 것들을 하는 것보다는, 잠은 충분히 자되 깨어있는 시간을 효율적으로 사용하기 위해 노력해라. 그게 장기적으로 봤을 때 훨씬 더 삶에 도움이 된다.

4. 처음 만난 사람에게도 친절하라.

영화 '원더'에서는 이런 구절이 나온다. '옳음과 친절함 중 하나를 선택해야 할 땐 친절함을 선택하라.' 친절한 사람을 싫어하는 상대방은 없다. 누구나 친절한 사람을 좋아한다. 배려심을 보여주고 웃어주며 상대의 말을 경청하는 사람은 어딜 가나 인기가 많을 수밖에 없다. '말 한마디에 천 냥 빚을 갚는다.'라는 말도 있지 않은가. 내가 오늘 뿌린 친절의 씨앗은, 나중에 나에게 훨씬 더 큰 열매로 돌아올 것이다.

5. 지금 힘들다면 잘 하고 있는 것이다.

최선을 다해 살고 있지만, 가시적인 성과가 보이지 않아 힘들고 지친다면 이 말을 반드시 기억해야 한다. 퀀텀점프(Quantum Jump)라는 말이 있다. 원래는 물리학 용어지만 경제학에서 단기간에 비약적인 성장이나 발전을 할 때 자주 사용하는 말이다. 다음 단계로 갈 때 조금씩 발전하는 게 아니라 계단을 오르듯 급속도로 성장하는 것을 뜻하기도 한다. 인생도 이와 마찬가지다. 열심히 공부하고, 내 분야에서 최선을 다하고 있지만 경쟁자들은 아득히 멀어져가는 것만 같을 때, 진전이 없어 포기하고 싶을 때가 있다. 그러나 그럴 때일수록 내 페이스를 잃지 말아야 한다. 보이지 않는 성과들이 쌓여 당신을 다음 단계로 퀀텀점프 시켜줄 것이다.

6. 지름길을 찾을 시간에 본질에 집중하라.

내가 투자한 시간과 노력에 비해 훨씬 더 과분한 결과를 얻으려 하는 것은 어쩔 수 없는 인간 본성이다. 그러나 그 본성을 거스르는 사람이 성공할 수밖에 없다. 전세계적으로 유명한 한국인 보디빌더 강경원은, 자신의 유튜브 채널에서 항상 '기본의 중요성'을 강조한다. 모든 것에는 순서가 있고, 기본을 충실히 한 다음 응용에 들어가야 된다라고 말한다. 보디빌더 강경원이 말하는 기본은 비단 헬스뿐만 아니라 인생의 모든 것에도 적용된다. 본질을 단단하게 하고, 기본을 탄탄하게 다질 시간에 어떻게든 빨리 가는 방법만 찾는다면 단기간에는 조금 더 좋은 성과를 낼 수 있겠지만 결국 장기적으로 봤을 때 본인에게 큰 손해다. 그러니 계속해서 본질에 집중하고 기본에 충실하자.

7. 높은 연봉보다 즐길 일을 찾아라.

1974년 미국 경제학자 리처드 이스털린은 '소득이 일정 수준에 이르면 소득 증가가 행복에 큰 영향을 끼치지 않는다.'라고 말했다. 이를 '이스털린의 역설'이라고 한다. 그렇다고 돈을 하나도 신경 쓰지 않고 행동하거나, 돈과 관련 없는 일을 하라는 말이 아니다. 다만, 일을 고르는 기준의 1순위가 연봉이 되면 안 된다는 것이다. 월급은 좀 적더라도, 내가 그 조직에서 나의 역량을 키울 수 있고 발전할 수 있다면 그 일이 나에게 훨씬 더 의미 있고 가치 있는 업무가 되는 것이다. 그리고 이렇게 내가 성장하게 되면 훨씬 더 좋은 기회들이 나를 찾아오게 될 수밖에 없다.

부록

잘 배운 사람이 무례한 사람을 대처하는 처세술

1. 말 없이 10초간 침묵한다.

무례한 일을 당했을 때 앞에서 아무리 떠들어대도 바로 대답하지 않고 상대를 쳐다본다. 그리고 이내 논리를 갖춘 말을 준비한다. 말을 많이 뱉을 필요도, 언성을 높일 필요도 없다. 논리를 갖춘 말은 상대의 무례함을 압도한다. 이때 상대는 찔려서 본인의 말과 행동을 돌이켜보게 된다.

2. 말의 의도를 되묻는다.

생각 없이 상처주는 말엔 정색하며 되물어보면 된다. "방금 뭐라고 하셨어요?" "그렇게 말한 이유가 뭐예요?" 대부분은 생각없이 무례한 말을 내뱉는데 그 말의 의도를 되물으면 상대방은 진땀을 빼며 변명한다. 내뱉은 말의 책임을 느끼게 해야 다시는 그런 말을 반복하지 않게 된다.

3. 잘못을 정확하게 꼬집는다.

남을 쉽게 말하는 사람은 남도 자신처럼 쉬운 줄 안다. 그래서 행동이나 언행이 선을 넘었음을 명확하게 지적해야 한다. "싫은 내색을 했으니 알아들었겠지."라며 상대방을 그대로 두면 정말 아무것도 모르고 넘어가게 된다. 그렇기에 "선 넘었다", "그 말은 상처가 된다."라고 정확히 꼬집어 다음에는 재발이 없도록 하여야 한다.

누구나 무례한 일을 당할 수 있다. 막상 그런 일을 겪게 되면 분하고 당황해서 말이 안 나오거나 상대방에게 정확히 꼬집어 주지 못해 두고두고 후회하는 경우가 많다. 그런 일들이 하루 기분을 망치고 두고두고 후회가 되는 기억으로 남게 된다. 그러니 이 정도 처세술은 일상처럼 익히고 있어야 갑작스런 상황에 대처할 수 있다. 무례한 사람이 나를 휘두르게 방치하지 말자. 그 순간 대처하지 못한다면 분명 앞으로의 나도 마찬가지일테니까.

5.

당신보다 훨씬 돈 잘 버는 사람의 4가지 특징

1. 잘 하는 일에 집중한다.

전세계적인 스테디 셀러 〈원 씽〉이라는 책에서는 '멀티 태스킹'의 허상에 대해 다룬다. 이 책에는 이런 내용이 있다. '운전 중 발생하는 사고의 16%가 문자를 보내거나 통화를 하는 등의 멀티태스킹 때문이다. 심지어 가벼운 통화를 하는 것도 전체 집중력의 40%를 차지하는데, 이것은 음주운전과 비슷한 수준이다. 즉, 일할 때 멀티태스킹을 허용한다면 하루 일과 중 3분의 1의 시간을 엉뚱한 데에 빼앗기는 것이다.'

이처럼, 인간의 뇌는 기본적으로 멀티 태스킹을 못하게 설계되어있다. 그렇기에 모든 걸 다 하려고 하는 순간, 아무 것도 할수 없게 된다. 두 마리의 토끼를 다 잡으려다 결국 다 놓치게 되는 것과 같다. 그러니 복잡하게 생각하지 말고 단순하게 생각할필요가 있다. 내가 잘 하는 것에만 집중하면 된다. 이것 저것 다조금씩 할 줄 아는 사람보다, 하나의 분야에서 압도적인 성취를내는 사람들이 사회적으로 훨씬 더 큰 성공을 거머쥔다.

2. 돈 좀 번다고 사치 부리지 않는다.

1986년 필리핀 대통령 페르디난드 마르코스의 부인 이멜다는 '사치의 여왕'이었다. 그녀는 남편의 권력을 이용해 약 16억 달러의 재산을 모았고, 지하 수장고에 2,200여 켤레의 구두를 포함한 엄청난 명품을 쌓아났다. 그녀는 '궁핍한 국민은 숭배할 수 있는 스타를 원하고 나는 이 욕구를 충족시켜주기 위해 아름다워야 할 의무가 있다.'라는 말도 안 되는 변명을 했다. 그녀의 사치 때문에 페르디난드 마르코스는 시민혁명으로 축출되었으며, 그녀의 사치는 필리핀의 부패와 국격 추락을 부채질했다. 물론, 적당한 사치는 스스로를 동기부여하는데도 굉장히 좋은 촉매제 역할을 하지만, 분수에 넘치는 과한 사치는 결국 스스로를 돈에 잡아먹히게 만든다. 사치를 부리고, 상대방에게 나를 증명하는데 돈을 쓰기보다는 본질에 집중하고 겸손을 잃지 말자. 그게 가장 빠르게 부자가 되는 길이다.

3. 미루지 않고 곧장 실행한다.

우리가 무언가를 미루는 이유는 시간이 영원할 거라는 착각에 빠지기 때문이다. 바쁘다는 이유로 오늘 해야 할 운동을 미루며 '내일은 두 배로 열심히 해야지!'라고 결심한다. 내일은 시간이 더 여유로울 거라는 착각을 하는 것이다. '앞으로는 시간이 여유로워질 거야, 내일은 더 편한 마음으로 다 잘 될 거야.'라는 낙관론을 펼친다. 이렇게 어떤 일에 걸리는 시간을 과소평가하는 경향을 '계획 오류'라고 한다. 다가오지 않은 미래에 대한 과도한 낙관을 토대로 무리한 계획을 짜고, 실행하지도 않고 계획을 짜느라 많은 시간을 소비한다. 그러나 어떤 분야에서 괄목할만한 성과를 내고, 경제적 자유를 얻은 사람들은 다르다. 그들은 일단 실행한다. 그들이 우선 '행동'하는 이유는 바로, '인생이 계획대로 되지 않는다.'라는 것을 너무도 잘 알기 때문이다.

세계적인 철학가 프리드리히 니체는 '계획은 실행하면서 다듬어라.'라는 명언을 남겼다. 실천 없는 계획은 허상에 불과하다. 작은 것 하나라도 해보며 수정-보완-재실행의 과정을 거친다면 훨씬 더 좋은 결과를 빠르게 도출할 수 있을 것이다.

4. 실패를 반드시 경험한다.

　2002년, 아프리카계 미국 배우로 38년만에 아카데미 역사상 두 번째로 남우주연상을 수상한 세계적인 배우 덴젤 워싱턴은 펜실베니아 대학 졸업연설에서 이런 말을 남겼다. '실패를 두려워하지 마세요. 위험을 감수하지 않으면 가치 있는 것을 얻지 못합니다. 만약 제가 실패를 한다면 저는 어떤 곳에도 기대지 않을 것입니다. 차라리 앞으로 넘어지겠습니다. 그렇게 한다면 적어도 내가 어디서 넘어졌는지 볼 수 있으니까요.'

　이처럼 세계적으로 성공한 사람들은 하나도 빠짐 없이 큰 실패를 겪었다. 중국 최대 전자상거래 업체 알리바바의 창업자 마윈은 여덟 번의 실패 끝에 성공했고, 핀란드 게임업체 '로비오'는 8년여간, 52번의 도전 끝에 대히트 게임인 '앵그리버드'를 출시할 수 있었다. 결코 실패했다고 좌절하거나 포기하지 마라. 오히려 실패를 환영해라. 실패는 더 나아질 수 있다는 걸 보여주는 희망의 씨앗이다.

6.

창의적인 또라이가 결국 잘 되는 이유

1. 호기심 천국이다.

이들은 모든 것을 궁금해하고 이곳 저곳에 관심을 가진다. 그래서 한 번 무언가에 꽂히게 되면 그들에게 일시 정지 버튼 따위는 사라진다. 알버트 아인슈타인은 '호기심은 그 자체만으로 존재 이유가 있다.'라는 명언을 남겼다. 호기심이 없다면 배움도 없다. 뭔가를 배우고 성장하기 위해서는 그것을 내 삶에 적용하고 싶다는 욕구가 있어야 한다. '이건 왜 이런 거지?' '저건 왜 저런 거지?'라며 매사에 호기심을 갖고 문제를 해결하려는 사람들은 자연스럽게 그 분야에서 훨씬 더 성장할 수밖에 없다. 또한 대부분의 성공한 사람들은 본인의 업과 관계 없는 사실에도 관심이 많다. 이들은 기본적으로 '무지를 해결하기 위한 욕구'와, '해결하지 못한 문제를 해결하고 싶은 욕망'이 크다. 그렇기에 세상에 전혀 없는 새로운 것들을 만들어내는 것이다.

2. 기존의 규칙을 부수려 한다.

런던 비즈니스 스쿨 전략학 교수인 세계적인 경영학자 게리 하멜은 기업의 속성을 3가지로 나눈다.

첫 번째는 룰 메이커다. 이들은 새로운 규칙을 만드는 집단으로, 한 산업을 선점한 뒤 그 시장을 좌지우지한다.

두 번째는 룰 테이커다. 이들은 룰 메이커가 만들어놓은 규칙을 착실히 따라 낮은 위험과 적은 보상을 영위한다.

세 번째는 구글(Google)과 같은 룰 브레이커다. 구글은 검색 엔진 시장에서 룰 메이커였던 야후(Yahoo)를 제치고 과감하게 룰 브레이커가 되어 성공한 케이스다. 뿐만 아니라 이들은 소프트웨어는 돈을 받고 판매해야 한다라는 가치관을 갖고 있던 마이크로소프트의 독점을 막고, 유용한 소프트웨어를 무료로 배포하며 사람들을 끌어모았다. 룰 메이커의 방식을 따르지 않고 그들만의 방식으로 성공의 길로 들어선 것이다.

이처럼 창의적인 사람들은 이런 말을 자주 한다. '왜 그래야 하지?' 이들은 기존에 있던 방식을 그대로 답습하지 않고, 그들만의 방식으로 문제를 풀어간다. 그렇기에 훨씬 더 큰 성공을 거머쥘 수 있는 것이다.

3. 집중의 신이다.

누구나 한 번쯤은 그런 경험을 해본 적이 있을 것이다. 어떤 것에 심취해 열중하다 내가 예상한 것보다 훨씬 더 많은 시간이 지난 경험. 그런 고도의 집중력을 꾸준히 보이다 보면, 자연스레 성과는 따라올 수밖에 없다. 미국의 심리학자이자 긍정심리학 분야의 대표적인 연구자인 미하이 칙센트 미하이는 본인의 저서 〈몰입, FLOW〉에서 몰입에 대해 '모든 잡념이나 방해물을 차단하고 원하는 어느 한 곳에 자신의 모든 정신을 집중하는 것'이라고 말했다. 이 상태에 자주 빠지는 사람들은 자연스레 압도적인 성과를 낸다.

4. 영감이 떠오르면 바로 실행에 옮긴다.

영국의 슈프림이라고 불리는 '팔라스'라는 브랜드는 Mnet의 '쇼미 더 머니'라는 힙합 프로그램에서 래퍼들이 착용해 국내에서도 큰 인지도를 얻게 됐고, 현재는 슈프림과 더불어 전세계 스트릿브랜드 시장을 양분하고 있다. 팔라스는 불과 12년밖에 안 됐지만 CK, 랄프로렌, 아디다스등 유수의 대기업과 콜라보

하며 세계적인 기업으로 발돋움하고 있다. 팔라스의 시작은 불과 12년 전인 2010년, 영국의 한 가난한 스케이터보더의 불만에서 시작됐다. 영국의 스케이터보더 '레브 탄주'와 친구들은 런던 인근 공원에서 하루 종일 스케이트보드를 탔고, 그들은 그들이 숙식을 해결하던 아지트를 팔라스라 불렀다. 그런데 이들은 팔라스에서 생활하며 큰 불만이 생겼다. 이 불만은 바로 보드를 탈 때 입을만한 옷이 없었다는 것이었다. 직접 슈프림보다 핫한 브랜드를 만들어야겠다 결심한 레브 탄주는 런던의 전설적인 스케이트 샵의 대표를 동업자로 끌어들였다. 그리고 그는 '팔라스'의 로고를 박은 티셔츠를 만들어 팔았다. 그렇게 그들의 티셔츠는 엄청나게 히트를 쳤고, 전세계적으로 유명해졌다. 그리고 현재도 레브 탄주는 홈페이지에 들어가는 상품 판매 카피 문구를 직접 본인이 작성하고 있다.

세계적인 브랜드 '팔라스'의 대표 레브 탄주처럼, 창의적인 또 라이들은 무언가 영감이 떠오르면 주저 없이 바로 실천한다. 자신의 생각이 맞는지 틀린지 증명하고 싶어하기 때문이다. 만약 레브 탄주가 단순히 생각만 하고 실천하지 않았더라면? 슈프림과 견줄만한 스트릿 브랜드 '팔라스'도 없었을 것이다.

이처럼 창의적인 또라이들은 이런 특징들 때문에 주변의 오해를 사기도 한다. '너무 독특하다.' '자기밖에 모른다.' '너무 성격이 급하다.' 하지만 이들은 이런 얘기를 들어도 전혀 개의치 않고 자기가 하고 있는 일을 아주 열정적이고 재밌게 한다. 그리고 오히려 아무것도 하지 않는 이들을 어리석다 말한다. 즉, 누군가에게 보여지는 것보다 자신을 믿고 주체적으로 살아가는 게 가장 중요하다는 걸 너무나도 잘 아는 것이다. 그러나 이들도 처음부터 자신에 대한 강한 믿음과 열정으로 살아가지는 않았을 것이다. 처음에는 일단 해보고, 깨지고, 부서지고 다시 일어나는 과정을 반복하다 보니 자신도 모르게 강해지게 된 것이다. 그러니 자신의 삶을 창의적이고 주체적으로 살아가길 원한다면 아주 작은 사소한 것이라도 일단 시작하자. 비록 처음에는 보잘 것 없는 작은 발걸음이겠지만 이것이 하루하루 쌓이게 되면 훗날, 많은 이들이 내가 걸어온 발자국을 따라 걸어오고 있을 것이다.

7.

아무리 외로워도 곁에 두면 안 되는 사람의 유형

1. 맨날 똑같은 얘기에 신세 한탄만 한다.

예전에 친하게 지내던 지인이었지만 현재는 연락을 안 하는 사람이 있다. 그 사람과 연락을 끊게 된 계기는 단순하다. 매일 똑같은 얘기에 자신의 신세 한탄만 늘어놨기 때문이다. '내 인생은 왜 이따구일까?' '우리 집만 잘 살았더라면…' 처음 한 두 번이야 공감해주고 또 들어줬지만, 공감해주고 들어줄수록 그 지인의 한풀이는 더 심해졌고, 결국 같이 있으면 나도 에너지를 뺏겼기에 과감하게 끊어냈다. 이렇게 주변에 신세한탄하는 사람들이 많아지면 많아질수록 내 인생도 암울해질 수밖에 없다. 그렇기에 이런 사람들은 반드시 끊어내야 한다. 문제가 생기면 그 문제를 풀기 위해 노력하고, 부족함이 있으면 그 부족함을 채우기 위해 최선을 다하기도 모자란데, '나 좀 알아줘.' '나 힘드니까 옆에서 위로해줘.'라는 의미 없는 의존으로 상대를 힘들게 하기 때문이다.

2. 주는 것 없이 받으려고만 한다.

주변에 그런 사람들이 있다. 어떻게든 받으려고만 하는 사람.

자신의 몫을 상대방에게 떼어주는 것은 소름 끼치도록 싫어하면서 상대방이 자신에게 호의를 베푸는 것은 당연하게 생각하는 사람. 펜실베니아대학교 와튼스쿨 교수인 애덤 그랜트는 자신의 저서 〈기브 앤 테이크〉에서 사람을 3가지 유형으로 나눈다. 먼저 주는 기버(giver), 상대방이 주는 만큼 나도 주는 매처(matcher), 그리고 상대방에게 받기만 하는 테이커(taker).

애덤 그랜트는 단기적으로 봤을 때는 테이커의 삶이 합리적이고 효율적일지 몰라도, 결정적인 순간이 오면 테이커는 추락하게 되고 기버가 훨씬 더 성공할 수밖에 없다고 말한다. 테이커는 자신이 잘 보여야 할 사람들에게 한 없이 고분고분하지만, 자신이 생각했을 때 굳이 잘 보여야 할 필요가 없다고 생각하는 사람, 도움이 안 된다고 여겨지는 사람에게는 한없이 냉정하고 무례하게 대처하기 때문이다. 그리고 이런 행동들이 누적되며 결국 테이커는 신용과 평판을 잃어 추락할 수밖에 없다라고 말한다. 먼저 주지 않고 어떻게든 자신의 몫을 지키려 애쓰는 저렴한 태도는 결코 감춘다고 해서 감춰지지 않는다. 그러니 주변에 이런 사람이 있다면 반드시 끊어내자.

3. 적당한 선을 모르고 자꾸만 선을 넘는다.

'이 정도는 괜찮잖아?' '뭘 이런 걸 가지고 그래?' 선을 넘어도 한참 넘었으면서 내가 불편한 티를 내면 되려 나를 좀생이 취급하는 사람들이 있다. 이런 사람들의 한 마디를 들으면, '아, 내가 너무 예민한가?'라는 생각을 하게 되기도 하고, 또 스스로 너무 유난을 떠는건가라는 걱정을 하게 되기도 한다. 그러나 이 '심리적 바운더리'에 대한 기준은 상대가 아니라 나에게 있다.

미국의 유명한 심리치료사 네드라 글로버 타와브는 '자신의 바운더리가 확실한 사람이 결국 더 행복한 삶을 산다.'라고 말했다. 즉, 상대방의 선에 내 선을 맞추기보다, 내 바운더리를 확실하게 보여주고 지키는 게 행복한 인생을 위한 가장 빠른 지름길이라는 것이다. 이처럼, 나의 바운더리를 예고 없이 넘어놓고, '뭘 그런 거 가지고 그래?'라며 도리어 나를 예민한 사람 취급하는 사람들은 반드시 잘라내야 한다.

4. 사과해야 할 때 사과할 줄 모른다.

자신의 잘못이 당연한데도 쓸데 없는 자존심을 내세우며 사과를 절대 하지 않는 사람들이 있다. 살다보면 실수를 하는 건 당연하다. 그리고 자신의 잘못을 인정하고 사과를 하는 것도 당연하다. 그러나 알량한 자존심을 세우며 사과에 인색한 사람들은 대개 용기가 부족하고 자존감이 낮은 경우가 많다. 사과를 했다는 사실 자체가 스스로를 부정하는 행위라고 믿기 때문이다. 그러나, 사과에 인색할 필요가 없다. 사과한다고 자신의 가치가 폄하되는 것도 아니고, 자신의 인생이 부정당하는 것도 아니기 때문이다. '미안해'라는 한 단어는 때로는 천 가지 행동보다 큰 의미를 담고 있을 때가 있다. 사과 한 마디로 모든 게 해결되는 상황도 빈번히 발생된다. 자신의 잘못을 인정하고, 상대방에게 진심 어린 사과를 하는 방법을 모르는 사람들이 주변에 있다면 이 또한 여러분들의 인생에서 반드시 끊어내야 할 사람이다.

5. 거짓말을 밥 먹듯 한다.

사람들을 만나다보면, 거짓말을 밥 먹듯 하는 사람들이 있다. 이런 사람들이 거짓말을 하는 경우는 대개, 스스로의 가치를 높이고 싶어서 그러는 경우가 많다. 예를 들면 이런 것이다. '내가 아는 사람이 500억 자산가인데... 나랑 친해.' '내가 예전에 이런 이런 것들을 했었는데...' 정작 500억 자산가는 그 사람의 이름조차 모르고, 전혀 해보지도 않은 일을 해봤다고 상대방에게 당당하게 말하는 경우. 이런 사람들을 흔히 '리플리 증후군'이라고 한다. 리플리 증후군은 현실 세계를 부정하고 허구의 세계만을 진실로 믿으며 상습적으로 거짓된 말과 행동을 일삼는 반사회적 인격 장애를 말한다. 하도 거짓말을 많이 하다보니, 그 거짓말이 마치 사실인양 스스로가 믿게 된 것이다. 한 순간의 위기를 모면하기 위해, 그리고 자신의 가치를 좀 더 뛰어나게 만들기 위해 하는 거짓말은 '그 순간'에는 좋을지 몰라도 결국 스스로를 궤멸시키고 파멸에 이르게 만든다. 그러니 이런 사람이 되지 않도록 반드시 조심할 필요가 있고, 주변에 이런 사람이 있다면 반드시 거리를 두자.

6. 매번 말만 하고 이룬 게 없다.

항상 말만 하고 이루지 않는 사람들이 주변에 많다. '나 내일부터는 다이어트 할 거야!' '나 다음주부터 자격증 공부할 거야!'

'나 내년부터는 다르게 살 거야!' 그러나 이들은 매번 다짐을 하지만 행동하지 않는다. 그러니 양치기 소년이 되어, 상대방에게도 신뢰를 잃게 된다. 진짜 무언가를 하고 싶을 때도 주변에서 결국 믿어주지 않으니 당연히 도움 받을 수도 없고 또 의지를 잃고 다시금 제자리로 돌아오는 악순환의 뫼비우스의 띠가 형성되는 것이다. 이처럼 너무 쉽게 말을 꺼내고 호언장담해놓고 스스로의 말의 무게를 짊어지지 않는 사람들이 많다. 특히나 내가 먼저 부탁을 하지 않았음에도 '이거 해줄게' '도와줄게'라며 기대감을 잔뜩 심어놓고 자신의 말을 지키지 않는 사람들도 있다.

'언납행민(言納行敏)'이라는 사자성어가 있다. '말은 거두어들이고 행동은 민첩하게 하라.'라는 의미다. 결국 말은 허상에 불과하다. 그 말을 이루기 위해서는 행동으로 보여줘야 하고, 그 행동을 통해서 스스로를 증명해야 한다.. 입으로만 관계를 맺고, 말로만 인생을 살아가는 사람들은 결국 어떤 식으로는 패망하게 되어 있다. 신뢰가 무너진 관계는 껍데기밖에 남지 않는다.

8.

남녀노소 해당되는 5가지 성공법칙

1. 게으름은 인생 최대의 적이다.

재능충이라는 신조어가 있다. 이 단어는 '노력을 하는 사람에 비해 월등한 결과를 내는 사람들'을 일컫는다. 학창시절에 이런 친구들을 종종 보게 된다. 딱히 공부를 하지 않는 것 같은데, 성적이 월등한 친구들. 어떤 특정 분야에서 시간을 크게 쏟지도 않고 두각을 드러내는 친구들. 어릴 때는 이런 친구들이 더없이 부러웠다. 하지만 시간이 지나고 나서 내게 '특별한 재능'이 없다는 사실이 얼마나 감사한 일인지 알게 됐다.

재능이 있는 사람들은 딱히 노력을 하지 않아도 괄목할만한 성과를 거둔다. 그리고 이 사실을 어릴 때부터 인지하게 된다. 문제는 여기서 발생된다. 재능을 가진 사람이 노력까지 하면 괴물이 되지만, 그렇지 않으면 결국 애매한 재능에 잡아먹혀 과거에 머무르게 될 수도 있다. '내가 예전에는 참 잘했는데...' 나이가 들면서 신체적 능력이 쇠퇴하지만 예전의 자신의 기민하던 모습을 잊지 못하고 노력을 하기는커녕, 과거를 팔고 여전히 한 방을 노리며 매일을 게으르게 산다. 이런 사람들은 결코 성공할 수 없다. 뚜렷한 재능이 없더라도, 명확한 비젼을 갖고 매일 매일 꾸준히 노력하면 그 노력이 쌓여 엄청난 성과로 발현된다. 명심하자. 게으름을 피우는 순간 나태해진다. 결국 나에게 아무리 뛰어난 능력이 있어도 행동으로 옮기지 않으면 그 능력은 아무런 의미가 없고 빛을 잃게 된다.

2. 반성 없이 절대 발전은 없다.

극단적으로 마르거나, 글래머러스한 몸매의 슈퍼모델을 기용해, 여성들에게 속옷에 대한 '환상'을 심어줬던 여성 속옷 브랜드 빅토리아 시크릿. 이 브랜드는 1995년부터 시작 돼 하이디 클룸, 미란다 커 같은 최정상급 슈퍼모델들을 출연시켰고, 전 세계에 방영될 정도로 큰 인기를 끌었다. 이때 당시에는 남성이 원하는 여성의 매력을 속옷에 모두 다 구현했다는 극찬을 받으며 회사의 주가를 엄청나게 상승시킬 수 있었다. 그러나 시대가 달라졌고, '환상'이 아니라, '나다움'을 찾는 운동이 일어나며 빅토리아 시크릿의 매출은 곤두박질쳤다. 2015년에 32%에 달하던 시장점유율은 2020년, 21%까지 하락하게 된다. 그리고 이들은 변화를 모색했다. 2020년 2월 최고경영자를 교체했고, 새로 CEO로 임명된 마틴 워터스는 '빅토리아 시크릿은 세상의 변화에 너무나도 늦게 반응했다.'라며, 그들의 잘못을 인정한다. 그리고 그들은 변화하기 시작한다. 미국 여자축구팀 주장이자 동성애자인 메건 러피노를 포함해, 플러스 사이즈 모델등 비주류로 인식되던 사람들을 모델로 기용한 것이다. 그리고 그들은 그 변화의 물결을 탔고, 뉴욕 증권 거래소에 데뷔한 2021년 8월, 거래 첫날 29%의 주가 상승을 만들어냈다.

실수나 잘못은 누구나 한다. 인간이기에 불완전할 수밖에 없고 당연히 처음부터 잘 할 수도 없다. 그러나 실수나 잘못을 했을 때는 무엇이 원인이었는지 살피며 반성하는 시간을 반드시 가져야 한다. 그래야 같은 실수나 잘못을 반복하는 우를 범하지 않을 수 있다.

3. 기본부터 쌓아나가라.

축구선수 손흥민은 2021-2022년 잉글랜드 프리미어리그 (EPL) 공동 득점왕에 오를 정도로 뛰어난 골감각을 자랑하는 세계 최고의 공격수다. EPL은 각 나라의 국가대표들이 즐비한 현존하는 세계 최고의 축구무대고, 그 무대에서 최고의 공격수로 인정 받은 것이다. 손흥민의 가장 큰 장점은 바로, 양발을 자유자재로 쓴다는 것이다. 그의 아버지 손웅정은, 손흥민이 초등학교 6학년이 되기 전까지 리프팅 등 기본기 훈련에만 집중하게 했다고 한다. 실제로 손흥민은 그때 당시를 회상해, '4시간 동안 공을 떨어뜨리지 않아야 했다. 눈이 빨개지고 바닥이 노래졌다. 공이 세 개로 보이는 등 정신이 나갈 거 같았지만 아버지는 결코 봐주지 않았다.'라고 말했다. 하지만 그렇게 겹겹이 쌓은 기본기는 그의 잠재력을 폭발시키는 버튼이 됐고, 그는 결국 전세계적인 축구선수로 자리매김할 수 있었다.

쉽고 빨리 무언가를 얻으려 하는 태도는 결국 스스로를 무너지게 만든다. 화려해보이고 멋져 보이는 것들의 이면에는 수많은 구슬땀과 보이지 않는 노력들이 존재한다. 그러니 결코, 기본의 중요성을 잊지 말자. 한없이 느려 보이지만, 그것이 결국 가장 빠른 길이다.

4. 강한 의지력이 중요하다.

8명의 미국 대통령, 75명의 노벨상 수상자를 배출한 세계 최고의 대학 하버드, 하버드에서 가장 중요하게 생각하는 성공의 요소는 천재성도, 지식도 아닌, '의지력과 꾸준함'이다. 하버드 전문 기고가이자, 〈하버드 새벽 4시 반〉을 집필한 저자 웨이슈잉은 하버드 출신의 특별함 중 가장 중요한 요소가 '꾸준함'과 '의지력'이라고 밝혔다. 결국 어려움과 좌절 속에서도 포기하지 않는 사람들이 진정으로 성공의 열매를 쟁취한다는 것이다. '난 못해.' '힘들어.' '이제 끝이야.'가 아니라, '할 수 있어.' '다 가능해.' '해낼 거야.'의 태도로 인생을 살아간다면 결국 끝내는 해내게 되어있다. 하버드에서 EQ를 담당하는 교수는 아래와 같이 강한 의지를 기르는 4가지 마인드에 대해 다룬다.

1. '나는 반드시 성공할 수 있다.'라고 믿는다.
2. 자신을 끊임 없이 칭찬한다. 실패해도 자신을 격려하고 칭찬한다.
3. 자기반성 능력을 길러 자신의 단점을 적극적인 태도로 고쳐 나간다.
4. 늘 적극적이고 진취적인 자세를 가진다.

　이 4가지를 기억하고 삶에 적용한다면 단언컨대 훨씬 더 성장하는 삶을 살 수 있을 것이다.

5. 자신감 있게 말하고 행동한다.

1970년, 한국에는 배를 만드는 조선소가 없었다. 막대한 철을 활용해, 배를 만드는 것이 한국에 당면한 과제였다. 그러나 국력도 약하고, 경제력도 보잘 것 없는 작은 나라에게 배를 만들 조선소를 짓기 위해 돈을 선뜻 투자해줄 나라는 아무도 없었다. 현대 건설 회장이었던 정주영은 일본에서도, 미국에서도 거절당하자 약이 올랐다. 그리고 마지막이라고 생각하고 간 영국에서 그는 남다른 기지를 발휘한다.

1971년, 영국의 유명한 조선회사 A&P 애플도어의 찰스 롱바텀 회장을 만났고, 당연히 찰스 롱바텀도 '아직 배를 사려는 사람도 없고, 현대건설의 상환능력과 잠재력도 믿음직스럽지는 않아 힘들 거 같다.'라는 말만 되풀이했다. 그때 정주영 회장은 기지를 발휘했다. 바지 주머니에 들어있던, 거북선이 그려져 있던 500원 짜리 지폐를 꺼내, 테이블 위에 펴놓으며 '이걸 보십시오. 이 지폐에 있는 그림은 거북선이라는 배인데 철로 만든 함선입니다. 영국의 조선 역사는 1800년대부터라고 알고 있습니다. 그러나 우리 한국은, 영국보다 300년이나 앞선 1500년대에 이 거북선을 만들어냈고, 이 거북선으로 일본과의 전쟁에서

승리할 수 있었습니다. 우리의 잠재력이 바로 여기에 있다는 말입니다. 자금만 확보되면 훌륭한 조선소와 최고의 배를 만들어 내겠습니다.'

이 말을 들은 찰스 롱바텀 회장은 그 자리에서 영국 은행에 추천서를 써줬고, 그렇게 돈을 빌린 정주영 회장은 대한민국으로 돌아와 울산 미포 백사장에 조선소를 짓게 된다. 이후 약 10년 동안 한국은 무려 231척, 총합 1천만 톤이 넘는 선박들을 수주하며 세계적인 조선 강국으로 부상하게 됐다.

아무 것도 없었지만, 자신감 있는 말과 행동으로 상대방을 감동시킨 정주영 회장처럼, 결국 내가 나를 믿고 성공할 거라고 확신하는 순간, 이미 성공의 첫발을 디딘 것과 다름 없다. 자신감이 없으면 충분히 할 수 있는 일도 제대로 완성하지 못하게 되지만, 자신감만 있다면 아무리 어렵고 힘든 일도 능히 해낼 수 있게 된다. 명심하자. 역사적으로 위대한 기적들은 모두 자신감으로부터 비롯됐다는 것을.

부록

반박불가 인생의 진리 19가지

1. 사람은 고쳐쓰는 게 아니다.

2. 답정너엔 넌씨눈

3. 내 약점을 먼저 말하지 마라.

4. 남 얘기가 재밌으려면 내 인생이 성공해야 한다.

5. 모두에게 사랑받을 순 없다.

6. 인맥보다 실력을 쌓아라.

7. 진국인 친구 한 명이 그저그런 백 명보다 낫다.

8. 주는 만큼 못 받는다.

9. 사람 관계에 있어서 큰 기대는 금물

10. 화났을 땐 결정하지 마라.

11. 말할까 말까 할 때는 말하지 마라.

12. 눈치가 좋은 사람은 눈치가 없는 척을 한다.

13. 남탓하는 사람 사귀지 마라.

14. 남 설득하려면 먼저 들어라.

15. 후회하기 전에 기회부터 잡아라.

16. 생각만 바꿔도 인생이 바뀐다.

17. 비교는 불행의 씨앗이다.

18. 재능 있는 사람이 사실 노력도 더 많이 한다.

19. 행동을 해야 결과가 나온다.

인생에서 가장 중요한 것은 배움이다. 한 번의 실수만으로 깨닫는 사람이 있는 반면 수많은 실수에도 인지조차 못하는 사람도 있다. 그러니 어제와 조금이라도 다른 오늘을 만들기 위해 노력해야 한다. 그 차이가 꾸준히 쌓이면 결국 인생을 바꾼다. 방법은 간단하다. 스스로를 믿고 꾸준히, 그리고 전력으로 행동하고 성취하는 것. 작은 생각의 차이가 결국 인생을 바꿀 수 있다.

9.

성공한 사람들이 주말을 보내는 방법

미국 경제뉴스 전문방송 CNBC는 각 분야 정상에 오른 300명 이상의 인물을 인터뷰해서 그들이 주말을 어떻게 보내는지 분석하고 공통점 5가지를 다음과 같이 추렸다.

1. 모자란 잠을 잔다.

충분한 휴식을 취하지 않으면 우리의 몸과 두뇌는 제대로 작동하지 못한다. 마이크로소프트 창업자 빌 게이츠, 아마존 CEO 제프 베저스, 애플 CEO 팀 쿡, 트위터 창업자 잭 도시도 최소한 7시간 이상을 잔다고 말했다. 2016년 OECD 통계에 따르면 한국인의 평균 수면 시간은 6시간대로, 성인 권장 수면 시간인 7-9시간에 크게 못 미친다. 잠을 제대로 자지 못하면 피로가 누적되고, 면역력이 떨어지며, 집중력과 기억력이 흐트러진다. 아주대학교 심리학과 김경일 교수는 '세상을 바꾸는 시간, 15분'이라는 프로그램에서 '우리나라는 예로부터 부지런함을 강조해왔다. 그래서 열심히 사는 게 절대적인 가치이자 곧 선이 되어왔다. 그래서 부지런하지 않으면 그게 곧 악의 완벽한 조건이 됐고 그러다보니 잠을 많이 자는 걸 굉장히 게으른 사람으로 여기게 됐다.'라고 말했다. 하지만 이렇게 잠을 줄이고 의도적으로 깨어있는 시간을 늘리면, 결국 효율이 떨어지고 생산량도 떨어질 수밖에 없다. 성공은 몇 시간 깨어있었는가, 몇 시간 일했는가에 달려있지 않다. 한정된 시간에 어떤 가치와 어떤 성과를 만들어냈느냐에 따라 결정된다.

2. 사랑하는 사람과 시간을 보낸다.

누구나 좋아하고 사랑하는 사람과 함께 있으면 나도 모르게 시간이 훌쩍 가는 경험을 해본 적이 있을 것이다. 그리고 이들과 행복한 시간을 보내고 나면 왠지 모르게 에너지가 넘치고, 삶에 대한 의욕이 더욱 더 고취된다.

토론토 대학교의 핑 동 교수는 이처럼 사랑하는 사람과 함께 있을 때 시간이 얼마나 빨리 가는지에 대한 연구를 진행했다. 연구팀은 남녀 학생 32명을 참가자로 모집했고, 그들을 각각 이성 참가자와 1:1로 8분 동안 대화를 하게 했다. 그리고 대화가 끝난 후 연구팀은 참가자들에게 대화를 얼마나 했으며, 대화가 얼마나 재밌었는지, 어떤 얘기를 했는지, 상대가 얼마만큼 매력적이었는지에 대한 부분을 질문했다. 그 결과 참가자들은 상대가 매력적이라고 느껴졌을 때는 그렇지 않았을 때보다 무려 3분이나 대화시간이 짧다고 느꼈다. 이처럼 매력적이고 사랑스런 사람과 대화를 할 때는 그 사람과 함께 있는 시간에 좀 더 몰입하고 집중하게 된다.

어떤 일에 내가 완전히 심취해있을 때 시간이 나도 모르게 빨리 가는 것과 똑같은 이치다. 그렇게 몰입해서 푹 빠지게 되면, 쓸데없는 데 에너지를 쓰지 않기 때문에 훨씬 더 개운하고 에너지가 더 충전되는 경험을 할 수 있다. 일도 좋지만, 삶의 균형을 맞춰주는 건 결국 내 곁에 있는 사람이다. 이처럼 성공한 사람들은 열심히 일하고 많은 돈을 버는 이유가 무엇인지 안다. 주중에는 누구보다 열심히 일하고, 주말에는 사랑하는 사람과 시간을 보내며 삶의 균형을 잡는다. 그렇게 밸런스를 잡으며 인생을 꾸준히 살아가기에 이들은 성공할 수밖에 없다.

3. 한 주를 미리 계획한다.

세계적인 동기부여가이자 베스트셀러 작가였던 지그 지글러는 "목표 없이 배회하다가 어느 날 갑자기 에베레스트 정상에 서는 사람은 없다."라는 명언을 남겼다. 이처럼, 계획이라는 것은 삶에 있어 정말 중요하다. 대부분의 성공하는 사람들은 일반 사람들보다 훨씬 더 체계적이고 철저한 계획을 세운다. 그리고 그렇게 세운 자신만의 확실한 계획과 목표로 실행의지를 불러일으켜 하나하나씩 어렵지 않게 해낸다.

우리가 계획을 세워야 하는 이유는 할 일에 대한 압박이 눈에 띄게 줄어들고 동기가 부여되며 일의 우선순위를 스스로 판단할 수 있게 되기 때문이다. 우리가 두려움을 느끼고, 앞으로 나아가지 못하는 이유는 그 두려움이 '막연하기' 때문이다. 막연함이라는 것은 무엇인가? 갈피를 잡을 수 없게 아득하고, 앞이 보이지 않는 상황이다. 하지만, 내가 지금 느끼고 있는 막연함을 적어보고, 계획으로 발현하는 순간 그 막연함은 구체화된다. '아.. 어떡하지?'에서 '내가 지금 이런 것이 부족하구나, 그럼 이걸 더 하면 되겠네!'가 되는 것이다. 뿐만 아니라, 막연함들을 정리하고 계획화하면, 어떤 것부터 해야 하는지가 구체적으로 보인다. 그렇게 우선순위를 정하고 하나하나 해나가면 훨씬 더 효율적인 인생을 살 수 있게 되는 것이다. 이처럼 성공한 사람들은 주말에 단 10분이라도 잠시 시간을 내서 다음 주를 계획하고 월요일의 시작을

순조롭게 맞는다. 그들이 체계적인 계획으로 성공적인 인생을 살 수밖에 없는 이유다.

4. 혼자 성찰하는 시간을 가진다.

반성하고 성찰하는 시간은 정신은 물론 몸 건강에도 좋다. 스스로를 성찰하는 것은 목표 달성에 큰 도움을 준다. 자신에게 진정으로 중요한 일이 무엇인지 우선순위를 세우고, 지금 힘든 일은 무엇인지, 왜 힘든지 생각을 정리하면 결국 해결 방법을 찾을 수밖에 없다.

1987년 MBC 15기 공채 아나운서이자 사상 첫 뉴스데스크 여자 앵커인 백지연 아나운서는 자신의 저서 〈자기설득파워〉에서 이런 내용을 다뤘다. '내가 원하는 것이 무엇인지, 내가 누구인지, 나의 삶이 누구의 것인지 삶에 있어 가장 중요한 것을 놓치고 있는 것은 아닌가? 내가 누구인지, 무엇을 원하는지도 잊어버린 당신이 어떻게 당신 스스로를 행복하게 할 성공적인 삶을 만들어내겠는가?' 이처럼 타인의 시선에 맞춰 내 기준을 억지로 만들기보다, 내가 진정으로 원하는 것은 무엇인지, 나는 어떤 걸 원하는지를 끊임 없이 고민하고 성찰하다보면 절대 흔들리지 않는 단단하고 뿌리 깊은 신념이 생길 수밖에 없다.

5. 긍정적인 생각을 반복한다.

1794년 게르비라는 이탈리아 의사는 이상한 사실을 발견했다. 치통환자의 이에 벌레의 분비물을 발랐더니 무려 68%의 환자에게서 1년간 치통이 나타나지 않았던 것이다. 놀랍게도 벌레에서 나온 분비물은 실제로 아무런 효과가 없었다. 그러나 그 당시 치통환자들은 벌레의 분비물을 잇몸에 바르면 이가 나을 것이라고 굳게 믿었다. 결국 긍정적인 생각과 믿음만으로 병이 나은 케이스다. 이처럼, 좋아질 것이라는 믿음과 기대를 통해 실제로 그 결과가 긍정적으로 나타나는 현상을 플라시보 효과라고 한다.

프랑스의 소설가 마르셀 프루스트는 '진정한 탐험은 새로운 땅을 찾는 것이 아니라 새로운 시야를 갖는 것이다.'라는 명언을 남겼다. 가장 중요한 것은 나에게 주어진 현실이 아니라, 내가 그 현실을 받아들이는 태도라는 뜻이다. 이처럼 긍정적인 생각과 긍정적인 행동이 결합되면 엄청난 시너지와 함께 성공을 불러온다. 긍정적인 사람이 반드시 성공하는 이유다.

이처럼 성공하는 사람들은 삶의 지혜가 무엇인지 제대로 알고 있다. 살다보면 이런저런 어려움에 부딪힐 수 있는데, 그럴 때 당장 문제를 해결하겠답시고 어쭙잖은 잔꾀를 부리지 않고, 계획에 따른 발전적인 생각으로 긍정적인 방향을 바라본다. 우리의 마음가짐은 어떠한가. 마침내 성공하고 환히 웃을 사람인가, 아니면 계속해서 부정적인 삶을 살 사람인가. 나를 성공으로 이끌 수 있는 건 나 자신밖에 없다는 걸 반드시 기억하길 바란다.

10.

쎄한 느낌이 들 때는 결코 그냥 넘어가지 마라.

누군가를 대할 때 쎄한 느낌이 들 때가 있다. 뭔가 다 괜찮은 거 같은데, 내 본능이 '좀 이상한데?'라고 거부하는 경우. 하지만 이런 경우, 우리는 직감을 믿기보다 직감에 의존해 섣불리 이 사람에 대한 판단을 내리는 게 그 사람에 대한 실례라고 생각한다. '내가 너무 예민한 거겠지?' '그래도 대화했을 때 느낌은 괜찮았어.' 라며 나의 직감을 애써 무시한다. 하지만 생각보다 사람의 직감은 정확하다. 왜냐면 지금까지의 경험치와 데이터가 쌓였기에 신체가 본능적으로 '이 사람은 나와 맞지 않다.' 라는 거부반응을 보이는 것이다.

촉은 결국 경험치의 축적과도 같다. 이 '촉'은 원시 시대 때부터 복잡한 사고 과정을 거치지 않고 순간적으로 눈 앞의 위험을 인지하고 피할 수 있도록 돕는 탁월한 생존 전략이었기 때문이다. 그럼에도 불구하고 직감에 의존해 그 사람에게 주홍 문신을 찍고 겪어보지도 않고 '나와 안 맞는 사람'이라 여기는 건 위험한 태도다. 우리가 가진 촉과 직감이 오류를 범할 때도 있다. 예를 들어, A가 문신이 있다는 이유로 그 사람은 성격이 안 좋고, 자기 멋대로 살아갈 거라고 단정하는 태도나 B의 출신지역이 서울이 아니라는 이유로 억세고 무식할 거라고 단정하는 태도 같은 경우다. 이런 부정적인 선입견은 일종의 노시보 효과와 같다. 노시보 효과는 부정적인 믿음 때문에 실제로 부정적인 결과가 나타나는 것을 말한다. 관계의 긍정적인 가능성을 자신이 차단해버렸다는 사실은 무시한 채, 이번에도 자신의 촉이 옳았다고 굳게 믿는다면, 결국 인생이 폐쇄적으로 변할 수밖에 없다. 그렇다면 어떻게 중심을 지킬 것인가? 쎄한 느낌이 드는 경우에는 그 사람이 하는 말보다 행동을 지켜보면 된다. 그 사람이 어떤 말을 하는지 보다, 자신이 뱉은 말을 지키는지, 자신이 뱉은 말대로 삶을 살아가는지. 어떤 사람과 자주 만나고, 어떤 걸 하면서 시간을 보내는지. 이것만 봐도 그 사람이 '진짜' 좋은 사람인지 아닌지 알 수 있다. 쎄한 느낌이 든다면 그 느낌을 섣불리 무시하거나 단순히 느낌에 불과하다고 넘겨버리면 안 되겠지만, 또 그 느낌을 너무 맹신하는 것도 스스로에게 좋지 않다. 너무 믿지도 말고, 또 너무 편견을 가지며 폐쇄적으로 다가갈 필요도 없다. 그 사람이 하는 행동과 만나는 사람이 곧 그 사람이 어떤 사람인지를 명확하게 보여줄 테니까.

11.

심리학자가 알려주는 행복의 비결

1. 물건을 사지 말고 경험을 사라.

　나에게 20만 원 정도가 생겼다고 가정해보자. 그런데 고민이 된다. 꼭 사고 싶은 옷도 있지만, 좋아하는 가수의 콘서트도 있기 때문이다. 이런 상황에서 여러분은 어떤 선택을 할 것인가? 상당수가 아마 옷을 선택할 것이다. 콘서트는 갔다 오면 끝이지만, 물건은 계속해서 남아있으니 말이다. 이와 같이 사람들은 대개 물건에 투자하는 게 경험에 투자하는 것보다 행복을 위해 훨씬 더 중요한 결정이라고 생각하는 경향이 있다. 하지만 코넬대학교 심리학 교수 토마스 길로비치는 '행복해지고 싶다면 물건이 아니라 경험을 사야 한다.'라고 조언한다. 그는 행복의 적은 적응이라며 '물건은 금방 싫증이 나지만 경험은 오랫동안 기억에 남는다.'라고 말한다. 돌이켜보면 소유는 본질적으로 상대방과의 비교를 유발한다. 돈을 열심히 모아 좋은 외제차를 샀다고 가정해보자. 그런데 친한 친구가 나보다 더 좋은 외제차를 구매한다. 그럼 순식간에 내 외제차가 초라해진다. 적어도 샀을 때의 그 행복감이 최소한 1주일은 가야 되는데 그렇지 않다. 이게 바로 '소유의 역설'이다. 하지만 경험은 우리의 일부로 오랫동안 기억된다. 외제차는 나를 변화시키지 못하지만, 3년 전 친구와 힘들게 다녀왔던 무전

여행은 그때의 경험이 남아 나의 가치관을 변화시키고 인생을 더욱 더 풍요롭게 만들어준다. 즉, 우리는 우리가 경험한 기억들로 형성되는 것이다.. 또한 경험은 비교할 수 없다. 같은 곳을 여행 갔던 사람끼리 '너가 갔던 해외 여행은 B 등급이야.' '내가 갔던 해외여행은 S등급이야.'라며 비교를 하는 것 자체가 무의미하기 때문이다. 경험에 대한 소비는 소유에 대한 소비에 비해 훨씬 더 잔잔히, 오래 나에게 행복을 남겨준다. 그렇기에 행복하고 싶다면 물건을 사기보다는 다양한 경험을 하기 위해 노력해라. 그 경험들이 내 행복의 그릇을 훨씬 더 크게 만들어 줄 것이다.

2. 행복은 내 선택에 달려있다.

삶의 수준과 행복도가 전세계에서 제일 높은 국가인 북유럽. 그러나 이들은 우리나라처럼 유흥거리가 다양하지도 않다. 그럼에도 불구하고 이들이 행복도가 높은 이유는 바로 '자율성'이다. 저널리스트이자 작가인 마이클 부스의 〈거의 완벽에 가까운 사람들〉은 저자가 10년 동안 북유럽 5개국에서 살아본 경험을 바탕으로 쓴 책이다. 그리고 마이클 부스는 이 책에서 북유럽 사람들이 행복한 이유에 대해 '자율성'이라는 말을 했다. 이들은 직업 선택의 자유를 비롯해 자율성이 굉장히 크다. 어떤 일을 하든, 직업을 선택하든 타인의 시선을 고려하기보다는 자신이 진정으로 하고 싶은 것을 한다. 그렇기에 그들은 삶의 자율성을 갖고 주체적으로 살아가기에 인생에 대한 행복도와 만족도가 높은 것이다. 반면 우리 나라의 행복도는 세계 행복지수 보고서 기준으로 평균보다 살짝 높은 편에 불과하다. 북유럽보다도 훨씬 많은 유흥거리와 편의시설들이 있음에도 불구하고 행복도가 낮은 이유는 바로 자율성에 대한 부재다. 어린 시절을 돌이켜보면, 중학생 때는 좋은 고등학교를 가기 위해, 또 고등학생 때는 좋은 대학교를 가기 위해 모두가 열심히 공부했다. 그게 정답이라 믿었다. 그렇게 대학교에 간다해서 끝나지 않는다. 좋은 직장을 얻기 위해 확률이 희박한 취업전선을 힘겹게 통과해야했고, 그렇게 취업전선을 통과한다하더라도 또 결혼과 내 집 마련이라는 숙제가 남아있다. 이처럼 내가 삶의 정답을 선택하지 않고 사회적으로, 통념상 정답이라 여기는 것들을 따라간다면 결국 평생 선택할 수 없게 된다. 연세대학교 심리학과 서은국 교수는 자신의 저서 〈행복의 기원〉에서 '인간은 행복하게 위해 사는 것이 아니라, 생존하기 위해 행복해야 한다.'라고 말했다. 이 말은 인간은 행복을 느껴야 살아갈 수 있다라는 말과 동일하다. 그러니 행복을 저 먼 미래에 있는, 닿지 않는 것이라 생각하기 보다 지금 내 현재에서 찾아보자. 선선한 바람, 기분 좋은 친구의 연락, 맛있게 먹은 점심. 결국 행복을 느끼고 음미하는 건 내 선택에 달려 있다.

3. 확실한 휴식을 취하라.

많은 사람들이 '쉰다'라고 했을 때, 소파에 누워서 스마트폰을 보거나, 티비를 본다. 그러나 스마트폰을 보고, 티비를 보는 건 뇌에 많은 과부하를 주는 일이다. 이는 결코 휴식이라 볼 수 없다. 휴가 때 하루 종일 집에서 누워 있으면서 영화만 본다고 개운해지거나 머리가 맑아지지 않는 것과 동일한 이치다. 〈미라클 모닝 밀리어네어〉의 저자인 할 엘로드는 휴식을 '정신이 뚜렷한 상태에서 경험하는 일종의 휴식'이라고 정의한다. 그리고 그는 추가로 책에 이런 글을 남겼다. '대부분의 사람들은 휴식과 오락을 혼동한다. 휴식을 위해 등산을 하고, 정원을 가꾸고, 강도 높은 운동을 하고, 심지어 파티 같은 것을 즐긴다. 그러나 이런 시간들은 일을 쉬는 시간이라고 할 수는 있어도 휴식다운 휴식이라고 보기는 어렵다.' 저자는 책에서 '좌뇌'가 아닌 '우뇌'를 깨워야 휴식다운 휴식을 할 수 있다고 말한다. 사랑하는 사람들과 함께 즐거운 시간을 보내거나, 음악을 끄고 산책하기 같은 행위가 우뇌를 깨워, 업무를 할 때 주로 쓰는 좌뇌를 쉬게 한다. 이처럼 확실한 휴식을 취하기만 해도 인생이 훨씬 더 윤택해지고 긍정적으로 변하게 된다.

정리하자면, 행복은 물건이 아닌 경험에서 나오며 내 선택에 달려 있다. 특별한 것을 통해 만들어지지도 않고 저 멀리 잡을 수 없는 곳에 위치한 것도 아니다. 소소한 일상 속에서도 경험할 수 있고, 고요히 혼자만의 시간을 가지며 생각을 정리하는 것만으로도 충분히 행복해질 수 있다. 행복을 인생의 목표가 아니라, 살아가며 언제든 느낄 수 있는 것으로 받아들이는 건 어떨까. 관점은 지금도 바꿀 수 있다. 지금 내가 당장 행복해질 준비가 되었다면 언제든 행복해질 수 있다. 행복은 결국 선택이고 모든 것을 바꾸는 태도다. 명심하자. 어떤 것이 주변에 있든 행복해질 권리는 바로 나 자신에게 달려 있다.

12.

하루 30분으로 당신의 인생을 바꿔줄
체크리스트

1. 하루 30분 감사일기 쓰기

누구에게나 삶은 지치고 힘들며 벅차다. 때로는 어떻게 이겨내야 할지, 극복해야 할지 막막하기도 하다. 이런 사람들에게 짬을 내서 하루 30분이라도 일기 쓰기를 추천한다. 원효대사는 '일체유심조(一切唯心造)'라는 말을 했다. 이는, 마음이 곧 모든 것을 다스린다는 말이다. 마음이 긍정적이게 되면, 몸 또한 긍정적으로 변하며, 몸이 긍정적으로 변하게 되면 인생이 긍정적으로 바뀌게 된다. 오늘 내가 있었던 일들을 단순히 머릿속에만 담아두는 것과, 실제로 기록해보는 것은 효과가 180도 다르다. 짜증나는 일, 힘들었던 일, 포기하고 싶었던 일들을 적어보고, 또 단순히 적는데 그치는 것이 아니라 그걸 극복하기 위해 나는 어떤 노력을 해야할까를 남겨보거나, '그럼에도 불구하고 이런 일이 있어서 감사했습니다.'라는 식으로 긍정적인 마무리를 하는 것이다. 예를 들면 이렇다.

감사일기를 쓰지 않는 A

: '아, 오늘 또 상사가 열 받게 하네. 진짜 인생 왜 이러냐. 미치겠다..'

감사일기를 쓰는 B

: '오늘 상사가 업무 지시 관련해서 제게 닦달을 했습니다. 처음에는

화가 났지만 돌이켜보니 충분히 저에게 닦달을 할 만한 상황이었던 거 같아요. 일이 계속해서 딜레이가 됐었거든요. 그런데 그럼에도 불구하고 상사는 제게 감정적으로 대처하지 않았습니다. 저였으면 화가 나서 감정적으로 뱉었을 텐데 말이죠. 공과 사를 구분하는 상사를 만날 수 있어 감사했습니다.'

이렇게 감사일기를 남기는 것만으로도 내가 갖고 있던 모호한 감정이 구체화되고, 그 감정을 해결할 수 있는 요소를 찾는 것은 물론, 인생에 대한 긍정적 가치관으로 발전적인 삶을 살 수 있다. 세계적인 방송인 오프라 윈프리는 본인의 저서 〈내가 확실히 아는 것들〉에서 자신이 쓰는 감사일기를 공유했다. 그 감사일기에는 이런 내용들이 있다. '오늘도 거뜬하게 잠자리에서 일어날 수 있어서 감사합니다. 유난히 눈부시고 파란 하늘을 보게 해주셔서 감사합니다. 점심 때 맛있는 스파게티를 먹게 해주셔서 감사합니다. 얄미운 짓을 한 동료에게 화내지 않았던 저의 참을성에 감사합니다. 좋은 책을 읽었는데, 그 책을 써준 작가에게 감사합니다.' 이 감사일기를 읽으면 특별한 내용이 보이지 않는다. 잠자리에서 일어나는 것, 푸른 하늘을 보는 것은 누구나 지금도 어렵지 않게 할 수 있는 것이기 때문이다. 그러나 그녀는 그것을 감사라는 키워드로 보고 일기를 썼고, 그 일기를 통해 삶의 가치를 발견하고 올바른 인생의 방향을 찾아갔다. 이런 단단한 마인드가 그녀를 세계적인 방송인으로 성장시킨 것이다. 오늘 힘든 일이 있다면, 기분이 상하는 일이 있다면, 하루 30분만 감사일기를 써보자. 그 30분이 여러분의 30년을 좌우할 것이다.

2. 30분 이상 천천히 밥 먹기

현대인들에게 시간은 금이다. 새벽같이 울리는 알람을 끄고 졸린 눈으로 침대에서 일어나 회사로 향하는 지옥철을 탄다. 눈코뜰새 없이 몰아치는 업무들을 처리하고, 바쁘게 식사를 한다. 내가 유일하게 컨트롤할 수 있는 시간이 점심시간이기에 조금이라도 밥을 빨리 먹고 개인시간을 갖고 싶어, 허겁지겁 식사를 한다. 그러나, 음식 먹는 속도가 빠르면 마음뿐만 아니라 건강에도 문제가 생긴다. 음식 먹는 속도가 빠른 사람들은 식욕을 통제하는 '포만중추'가 작용하지 않아 배부름을 느끼지 못하고 계속 먹게 된다. 그래서 과도하게 음식을 섭취하고 칼로리 또한 증가하게 될 수밖에 없다. 저녁을 급하게 먹고 집에 오면 또 배가 고파 자기 전에 참지 못하고 야식을 시켜먹은 뒤, 다음 날 퉁퉁 부은 얼굴로 일어나 '아, 어제 괜히 먹었다.'라고 후회하게 된다. 물론 시간이 정말 없다면 어쩔 수 없겠지만, 밥을 천천히 꼭꼭 씹어 먹는 것만으로도 우리는 훨씬 더 건강해질 수 있다. 밥을 천천히 먹는 행위는 포만감을 느끼도록 도와주고, 교감 신경을 자극시켜 체내 지방을 분해시킨다. 반면에 음식을 빨리 먹는 사람들은 포도당에 내성이 생겨 인슐린 저항성 및 신체 이상 반응이 증가할 가능성이 높다. 이렇게 신체 기능뿐만 아니라 뭐든지, 빨리 급하게 하다보면 실수를 하고, 같이 먹는 사람에게 실례가 될뿐더러, 상대에게 '여유 없는 사람'같다는 인상도 심어주게 된다. 그러니 적어도 식사를 할 때는 천천히, 최소한 30분 이상 꼭꼭 씹어 먹으며 음미하자.

3. 하루 30분 운동하기

인간은 본능적으로 자기관리를 잘 하는 사람에게 큰 호감도와 매력을 느낀다. 이처럼 관리가 잘 된 사람들은 사회적으로도 누릴 수 있는 이점들이 정말 많다. 꾸준히 운동을 함으로써 우리가 얻을 수 있는 가장 큰 이익 중에 하나는 '건강함'을 얻을 수 있다는 것이다. 운동은 심장을 세게 뛰도록 해준다. 운동을 하는 사람의 심장 박동수는 보통 사람보다 훨씬 적다. 이는, 심장이 한 번 뛸 때 충분히 많은 혈액을 온 몸으로 보낼 수 있다는 의미다. 세계보건기구(WHO)는 건강을 위해서 '일주일에 최소 150분 운동'을 공식화했다. 뿐만 아니라 운동을 하면 세로토닌과 엔돌핀이라는 행복을 결정하는데 가장 중요한 호르몬이 증가된다. 꾸준히 운동을 하는 사람들의 신체가 건강하고, 그들의 정신이 건강할 수밖에 없는 이유다. 굳이 엄청난 근력 운동을 하지 않아도 된다. 꾸준히 산책만 하더라도 하지 않을 때보다 더 건강해진다.

영국 심리학회 소속 스포츠 운동 심리학자인 조세핀 페리 박사는 운동이 우울증 증상과 불안감을 완화하며, 고독감을 감소시키고 자존감도 향상시킨다고 말했다. 스스로가 원하는 이상과, 현실의 내 모습이 괴리가 없다면 당연히 자존감은 높아질 수밖에 없다. 운동으로 그런 탄탄하고 균형 잡힌 몸을 만든다면, 비단 몸만 좋아지는 게 아니라 정신적으로도 훨씬 더 건강해질 수 있다. 그러니 피곤하다는 핑계로, 시간이 없다는 핑계로 운동을 미루지 말자. 적은 시간을 투자해 훨씬 더 많은 것을 얻을 수 있다.

4. 하루 30분 책 읽기

'아는 만큼 보인다.'라는 말이 있다. 이 말인즉슨, 내가 아는만큼 세상이 달라진다는 말이다. 여행지를 갔을 때 단순히 친구가 가자고 해서 간 사람과, 그 지역의 역사, 명물에 대해 공부하고 간 사람은 여행지에 도착했을 때의 감동이 다르다. 그런 점에서 독서는 가장 좋은 인풋의 수단이다. 독서는 주도적인 생각과 가치관을 함양시키는데 탁월한 도움을 준다. 2만 원도 안 되는 돈으로 전세계 위인들이 쓴 책을 읽고, 그들의 가치관과 성공 방정식을 시간 제약 없이, 공간의 제약 없이 얻을 수 있다.

세계적인 소설가 프란츠 카프카는 '책은 우리 내면의 얼어붙은 바다를 깨뜨리는 도끼가 되어야 한다.'라고 말한다. 책은, 내가 당연하게 여기고 있었던 세상, 살아지는 대로 살아갔던 인생에 활력을 불어넣어주고 날마다 발전하고 성장할 수 있게 도와주는 가장 좋은 도구다. 하루에 30분 책 읽기 습관이 쌓이면, 나중에는 나도 모르는 새 훨씬 더 풍부하고 단단한 사람이 될 수 있다.

별 거 아닌 거 같아 보이지만, 이 4가지 습관을 꾸준히 실천

하는 것만으로도 당신의 1달 후, 1년 후는 완전히 달라진다. 이 습관을 몸에 새기고 항상 실천한다면 단언컨대, 훨씬 더 단단한 가치관으로 행복한 인생을 살 수 있을 것이다.

부록

진짜 잘 배운 사람은 호구처럼 행동한다

　밥을 먹고 늘 먼저 돈은 내는 이유는 돈이 많아서 그런 게 아니라 관계가 돈보다 중요하다 생각해서 그런거고, 일도 과제도 궂은일을 앞장서서 하는 이유는 내뺄 줄 몰라서가 아니라 책임감이라는 걸 알기 때문이다. 서로 기분 나쁜 일에도 먼저 사과하는 이유는 내가 정말 다 잘못해서가 아니라 그만큼 상대방을 아끼기 때문이고 힘들 때마다 발 벗고 나서서 도와주려는 건, 시간이 남아 돌아서가 아니라 그래야 내 진심도 안도함을 느끼기 때문이다. 항상 먼저 배려해주는 건 착해빠져서가 아니라 그만큼 상대방을 생각한다는 것이다. 얼마든지 이기적일 수 있지만 그러지 않을 만큼 성숙하기 때문에. 만일 서로 편하다는 이유만으로 소홀하고 무례하게 대했음에도 여전히 상대가 나를 웃으며 받아준다면 이유는 딱 하나다. 누구보다 인연을 소중히 여길 줄 알기에 참고 배려하며 희생하더라도 그 관계를 꼭 잡으려는 것일 뿐이다. 그러나 이런 이를 주변에 두고도 익숙함에 속아 소중함을 잊곤 한다. 하지만 그들의 배려 하나하나가 관계를 위한 노력이라는 것을 반드시 기억해야 한다. 관계에 최선을 다한 만큼 언제든 관계를 끊어도 아쉬울 게 없는 사람들이니까.

13.

운의 흐름을 바꾸는 가장 좋은 방법

1. 일이 안 풀릴수록 정리정돈을 한다.

누구나 그런 경험을 해본 적이 있을 것이다. 찌뿌둥하고 피곤할 때 집안에 널부러져있던 옷들을 정리하고, 집안 곳곳을 깔끔하게 청소하고 나면 갑자기 기분이 좋아지는 경험. 분명 구슬땀을 흘리고 시간을 투자해 노동을 했으니 피곤해져야 되는 게 정상인데, 되려 훨씬 더 상쾌한 기분이 든다. 〈청소력〉이라는 책에는 이런 내용이 있다. '더러운 방은 마이너스 자장을 만들어 악운을 불러들이지만, 청소는 마이너스 자장을 없애고 운명을 호전시킨다.' 정리정돈은 결국 나 스스로를 위해서도 반드시 필요한 작업이다. 어지러워져있던 책상이 깔끔하게 정리되면, 그때까지 못 봤던 것들이 보이기 시작하고, 마음가짐도 달라진다. 범죄 심리학 용어 중 '깨진 유리창 이론'이라는 말이 있다. 어느 빌딩 주인이 사업에 문제가 생겨 빌딩 전체를 폐쇄하고 아무도 못 들어가게 해 놨다. 그런데 어느 날 동네 아이들이 돌로 장난을 치다 빌딩의 창문 한 장을 깬다. 그 이후부터 놀라운 일이 일어났다. 그 어떤 유리창도 깨지지 않았을 때는 아무도 그 빌딩을 건드리지 않았지만, 유리창 한 장이 깨진 뒤로 그 빌딩은 무법천지가 된다. 결국 낙서나 유리창 파손 등 경미한 범죄를 방치하면 더 큰 범죄로 이어진다는 것이다. 이는 비단 범죄뿐 아니라 우리의 인생에도 적용된다. 계속해서 지저분한 공간을 그대로 놔두면 더 지저분해진다. 어질러진 옷가지를 그대로 놔두면 더 어질러진다. '어차피 나중에 치우지. 뭐.'라는 안일한 생각으로 대처하기 때문이다. 그러나 운의 흐름을 바꾸기 위해서는, 새로운 마음가짐으로 더 나은 기회를 포착하기 위해서는 꾸준하게 정리정돈을 해야 한다.

2. 사소한 일에도 스스로를 칭찬해준다.

현대인들은 스스로를 칭찬하는데 각박하다. 누군가가 자신을 칭찬해주면 '감사합니다.'라고 하기는커녕, '아닙니다.' '어유.. 많이 부족하죠.'라며 오히려 스스로를 낮춘다. 그러나 이런 태도는 장기적으로 봤을 때 스스로의 자존감 형성에 악영향을 미친다. 우리는 어릴 때부터 겸손해라, 경거망동하지 마라라는 말을 듣고 자랐다. 그렇기에 내가 잘하는 것도 남들에게 잘한다고 말하지 못하고, 당당하게 자신의 장점을 어필하지도 못한다. '괜히 나댔다가 망신 당하는 거 아닌가..'라는 생각을 하기 때문이다.

이런 사람들에게는 운이나 기회가 왔다가도 사라진다. 운과 기회를 잡기 위해서는 스스로에 대한 인식을 변화시켜야 한다. 팔굽혀 펴기 10개를 하더라도, '잘했어.'라고 칭찬해주고, 단 30분만 걷더라도 '잘했어.'라고 스스로를 칭찬해줘야 한다. 뭐 그런 걸로 칭찬까지 하냐라고 할 수 있는데 여기서 가장 중요한 건, '잘했어.'에서 끝나는 게 아니라, '잘했어. 다음에는 조금 더 해보자.'라는 개선의 영역으로 나아갈 수 있다는 것이다. '팔굽혀 펴기를 10개나 했네. 잘 했어. 다음에는 15개도 할 수 있을 거야. 난 최고야.'같은 식으로 말이다. '나는 남보다 부족한 사람이야.'라고 스스로의 가치를 폄하하지 말고 작은 거라도 좋으니 본인에게 타고난 재능을 스스로 칭찬하는 습관을 들여라. 자기비하는 결국 비교에서 출발한다. 이런 고정관념을 벗어던지기 위해서는 내가 남보다 못하는 것에 집착하기보다 '나는 남보다 좀 더 잘 웃어.' '나는 상대방의 대화를 잘 들어줘.'같은 나만의 재능을 스스로 칭찬해주면 좋다. 이런 과정을 통해 남들과 다른 나만의 자신감을 만들어갈 수 있다. 그리고 그런 자신감은 나에게 훨씬 더 좋은 기회와 큰 운을 선물해준다.

3. 버는 돈의 최소 20%는 자기계발에 투자해라.

　2022년, 버크셔 해서웨이 주주총회에서 한 여학생이 워렌 버핏에게 '만약 주식을 딱 하나만 골라 모든 돈을 투자해야 한다면 어떤 주식을 추천하시겠습니까?'라는 질문을 했다. 워렌 버핏은 현존하는 투자의 전설이자, 순 자산 160조 이상을 보유한 전세계 최고의 부자 중 한 명이다. 모든 사람들이 귀를 쫑긋했던 순간, 워렌 버핏은 예상을 빗나가는 답변을 한다. '특정 종목을 하나 알려주는 것보다 훨씬 더 좋은 투자 방법이 있단다. 바로 뭔가를 특출나게 잘하는 방법이야. 만약 네가 동네에서 최고의 의사가 된다거나, 최고의 변호사가 된다거나, 뭐가 됐든 그 분야에서 최고가 된다면 사람들은 네가 해결할 수 있는 그 일의 대가로 그들이 생산하는 무언가를 너에게 줄 거야. 결국 네가 뭔가를 특출나게 잘하면 사람들은 네가 가진 그 능력을 너 자신으로부터 빼앗아 갈 수 없을 거야. 즉, 인플레이션이니 디플레이션이니 경제 불황이니, 이런 것들이 너에게 적용이 되지 않는다는 거지. 누군가는 말을, 누군가는 돈을, 누군가는 쌀을 갖고 네가 가진 능력과 거래하려 할 거야. 즉, 최고의 투자는 스스로를 계발하는 것이란다. 심지어 너의 능력에는 세금도 부과되지 않는다. 그러니 자신을 계발하는 일이 최고의 투자인 것이지. 네가 좋아하고 잘하고 사회에 도움이 되는 일을 하고, 또 그런 능력이 있다면 1달러의 구매력이 1센트가 되건 0.5센트가 되건 달라질 게 없다. 네가 최고가 되면 사람들은 너에게 어떻게든 거래를 하려 할 테니. 명심해라. 네가 가진 재능은 그 누구도 빼앗아갈 수 없다는 걸.' 세계적인 갑부 워렌 버핏도 자기계발의 중요성에 대해 설파했다. 이처럼, 자기계발은 100번 강조해도 모자라다. 예를 들어보겠다. 내가 스마트스토어에 대해 무지하면 스마트스토어로 돈을 벌 수가 없다. 하지만, 스마트스토어로 돈을 벌기 위해 관련 책을 사고 강의를 듣는데 돈을 지출하고 열심히 공부하면, 최소한 상위 10%안에는 들 수 있다. 무지 상태에서는 하위 10%에 있지만, 책을 읽고 강의를 들으며 자기계발을 하게 되면 최소한 상위 10% 안에는 안착할 수 있는 것이다. 여기서 이런 궁금증이 들 수도 있다. '내가 잘하는 것과 좋아하는 것이 뭔지 잘 모르겠는데 어떤 걸 선택해야 하죠?' 이럴 때는 소액이라도 써서 배우고 싶었던 강의를 듣거나 책을 읽어보는 것도 좋다. 와인 클래스나 수공예를 배워본다거나, 부담이 안 되는 금액으로 다양한, 생산적인 경험을 해보며 취향을 찾는 것이다. 이렇게 많은 걸 하다보면 당연히 나와 잘 맞는 걸 찾게 돼있고 그것을 깊게 파고 열심히 공부하면 그게 나의 무기가 된다. 명심하자. 가장 최고의 투자는 자기계발이라는 것을.

4. 말 한 마디, 한 마디에 긍정의 기운을 담는다.

2016년 브라질에서 열렸던 리우올림픽, 남자 펜싱 에페 개인 결승전. 대한민국의 대표 박상영 선수는 헝가리의 게자 임레와 맞붙게 된다. 패기 넘치는 21살 박상영. 하지만 그와 무려 21살 차이가 나는 42살의 게자 임레는 경험이나 노련함에서 박상영보다 훨씬 뛰어났다. 엎친데 덮친격으로 박상영 선수는 무릎 부상으로 컨디션 난조까지 겪고 있었다. 게임은 엎치락 뒤치락 진행됐다. 하지만 노련한 게자 임레는 박상영의 공격 타이밍을 읽고 받아치며 4연속 득점을 이뤄냈고, 9-13까지 점수차를 벌렸다. 게자 임레는 2점만 더 내면 게임을 끝낼 수 있었고, 대부분은 당연히 노련한 게자 임레의 금메달을 예상했다. 그러나 그때, 휴식하기 위해 앉아있던 박상영 선수가 카메라에 잡혔다. 그는 계속해서 이 말을 되뇌었다. '할 수 있다. 할 수 있다. 할 수 있다.' 이상했다. 전혀 희망적이지 않은 상황. 상대는 백전노장. 그러나 박상영의 눈빛은 살아있었고, 다시 경기장으로 씩씩하게 들어갔다. 박상영이 1점을 먼저 냈다. 그리고 다시 게자 임레가 1점을 따냈다. 14:10. 1점만 득점하면 경기가 끝나는 상황. 그러나 드라마 같은 장면이 펼쳐졌다. 박상영은 연속으로 4점을 득점해 14:14를 만들었고, 결국 마지막 1점도 따내며 남자 에페 개인전 금메달을 획득한 것이다. 그는 할 수 있다라고 되뇐 말처럼 정말 해냈고, 이때 박상영 선수의 금메달은 여전히 우리에게 큰 감동으로 남아있다. 습관적으로 부정적인 말을 쓰는 사람들이 많다. '나는 약하고 능력도 없어.' '나는 할 줄 아는 게 없어.' '나는 못 해.' '이 정도가 한계야.' '어차피 못할 건데 뭐..' 그런데 이런 말들은 스스로의 인생에 하등 도움이 되지 않는다. 내가 쓰는 언어가 곧 나를 의미한다. 이런 명언이 있다. '말을 조심해라. 행동이 될 것이다. 행동을 조심해라. 습관이 될 것이다. 습관을 조심해라. 인격이 될 것이다. 인격을 조심해라. 운명이 될 것이다.' 지금 내가 쓰는 말습관은 어떤지 점검해보자. 부정적인 말을 계속해서 쓴다면, 결국 해낼 것도 못 해낼 것이고, 긍정적인 말을 계속해서 쓴다면, 못 해낼 것도 능히 해낼 것이다.

말 한 마디 한 마디에 긍정의 기운을 담자. 내가 쓰는 말이 곧 내 인생을 결정한다.

5. 힘들 때 도와준 이에게 어떻게든 보답한다.

사람은 사회적 동물이다. 혼자서는 결코 살아갈 수 없다. 태어날 때부터 협동을 하고 살아왔으며, 사람들과 친분을 쌓으며 평판을 쌓고, 협업을 이루어냈다. 내가 이룬 성과가 100% 내가 잘 해서 그런 거라고 믿는 사람들은 단언컨대 금방 무너질 수밖에 없다. 내가 힘들 때, 지치고 포기하고 싶을 때 도움을 주는 고마운 사람들이 있다. 그때는 더없이 고맙고, 잘 돼서 반드시 보답해야겠다라는 다짐을 하지만, 사실 그게 마음처럼 쉽지 않다. 배부르고 등 따시면 간절함을 잊는 게 사람의 본능이기에. 그러나 그런 90%가 아니라, 10%의 사람이 되려면 어떻게든 보답하기 위해 노력해야 한다. 내가 줬던 건 쉽게 잊고, 상대방이 내게 베풀었던 건 뼈에 새겨 기억하고 배로 돌려주려는 마음가짐을 가져야 한다. 인간은 나 중심적으로 생각하기에 내가 베푼 건 크게 생각하고, 상대방이 내게 준 건 작게 생각한다. 그렇기에 배로 준다는 생각을 해야 그 사람이 베푼 호혜보다 조금 더 베풀 수 있는 수준이 된다. 이렇게 상대방에게 어떻게든 보답하며 살다보면, 그 사람들은 나에게 감동하고 더 큰 기회를 준다. 예를 들어보겠다.

- A라는 사람이 있다. A가 힘들 때 B가 자신의 지인을 추천해줬고, 그 지인은 A에게 좋은 기회를 줘서 A는 재기할 수 있었다. 그러나 A는 B에게 물질적인 보답은커녕 고맙다는 말 한 마디 안했다. 자신이 잘 될 수 있었던 이유는 바로 자기 자신이 잘 했다고 믿었기 때문이다. 그러나 잘 될 것 같던 일은 예상치 못하게 다시 고꾸라졌다. A는 예전에 힘들때 사람을 소개시켜줬던 B가 생각났고, B에게 연락을 했다. 그러나 B는 A의 연락을 받지 않았다.

- 반면 C라는 사람이 있다. C는 힘들 때 B에게 도움을 받았다. B가 추천한 지인을 만난 뒤, C는 B에게 바로 기프티콘을 보내며 장문의 인사를 했다. '덕분에 잘 만났습니다. 좋은 분 소개시켜주셔서 정말 감사드립니다. 괜찮은 시간 알려주시면 제가 찾아 뵙고 식사 대접하고 싶습니다.' C의 태

도에 감동 받은 B는 그에게 더 좋은 사람들을 소개시켜줬고, 더 좋은 기회들을 제공해줬다.

누군가에게 도움을 받았다면 작은 선물이라도, 감사인사를 하는 걸 절대 잊지 않았으면 좋겠다. 대부분의 사람들이 이걸 간과하기에 평범한 삶을 산다. 그러나 대부분의 성공한 사람들은 절대 이 과정을 잊지 않는다. 이 과정이 그 사람과의 더 끈끈한 인연을 만들어주고, 또 더 좋은 기회를 선물해준다 믿어 의심치 않기 때문이다.

이처럼 내 운의 흐름을 바꾸기 위해서는 사소한 것부터 변화시켜야 한다. 말습관을 고쳐야 하고, 상대방에게 항상 진심 어린 태도로 감사를 전해야 한다. 지금이라도 이런 습관들을 인생에 적용시켜보자. 단언컨대 훨씬 더 삶이 나아질 것이다.

14.

약속을 안 지키는 사람이
결국 실패할 수밖에 없는 이유

예전에 죽어라 약속을 안 지켰던 사람이 있었다. 약속 시간에 30분 늦으면 다행이고, 심지어는 당일 30분 전에 별다른 사과도 없이 약속을 당연하게 취소하기도 했다. 처음에는 좋은 게 좋은 거지, 오히려 기다리며 여유 있게 내 시간을 쓸 수 있겠구나라고 생각을 했지만 매번 반복되자 화가 났고, 결국 그 사람과의 인연을 끊었다. 이 사람은 약속시간뿐만 아니라, 말로도 뱉은 약속을 단 한 번도 지킨 적이 없었다. '그거 내가 도와줄게.' '내가 해줄게.' '나만 믿어.' 라고 말해놓고 약속한 시기가 다가와서 어떻게 되고 있냐고 물어보면, '어? 내가 그랬었어?' 라거나, '아, 그거 시간이 좀 걸릴 거야.'라며 발뺌을 했다. 나도 이런 사람들 때문에 굉장히 많은 스트레스를 받고 힘들어했었고, 또 주변에 이런 사람 때문에 힘들어하는 사람들을 많이 보게 된다. 그런데 겪어보니 결국 이런 사람의 인생은 망하게 되어있다는 것을 깨달았다. 상대방과의 약속을 안 지킨다는 것은, 결국 자기 자신과의 약속도 안 지키는 것과 같다. '이번엔 꼭 다이어트 성공할거야.' '이번에는 꼭 자격증 딸 거야.'라며 스스로에게 약속을 하지만, 다짐한지 하루 만에 야식과 술에 무릎 꿇고, '내일은 꼭..'을 반복한다. 이런 인생이 당연히 잘 될 리가 없는 것이다. 이들이 계획했던 것들은 언제나 말 없이 흐지부지되고, 인생의 목표 자체도 모호해질 수밖에 없다. 이처럼 상대방과의 약속을 지키는 태도만 봐도 그 사람의 인생 전체를 알 수 있다. 세계적인 도시락 체인점 '스노우 폭스'의 회장인 김승호는 자신의 저서 〈알면서도 알지 못하는 것들〉에서 이런 말을 남겼다. '돌아보면 성공으로 이끈 행동들도 모두 평범한 것들이었다. 나는 모임이 정해지면 제 시간에 도착했다. 약속을 지키기 위해 노력했고 구두를 닦아 신고 다녔다. 사람을 기다리게 하지 않았고 코털이 보이지 않게 주의했다. 언제나 머리를 단정하게 자르고 상스러운 말을 하지 않았다.' 이처럼 언뜻 보면 사소한 행동들이 결국 나의 이미지를 만들어주고, 나중에 예상치도 못했던 큰 기회를 선물해준다. 상대방과 약속을 했다면, 그 약속을 반드시 지키기 위해 노력하자. 설령, 불가항력적인 상황으로 인해 약속을 지키지 못하게 된다면 진심 어린 사과와 함께 작은 기프티콘이라도 선물하자. 그게 나를 믿고 소중한 시간을 할애해준 상대방에 대한 최소한의 예의다.

15.

볼수록 매력 있는 사람들의 특징

1. 자기 할 말만 하는 게 아니라 내 이야기를 잘 들어준다.

 자기가 말할 때는 세상 열정적이면서, 정작 내가 말할 때는 듣는 둥 마는 둥하고 건성건성 대답만 하는 사람이 있다. 아마 이런 유형에게 호감을 느끼는 사람은 없을 것이다. 반대로 나의 말을 진심으로 귀 기울여 경청을 하는 사람을 싫어하는 사람도 없을 것이다. 이처럼 경청만 하더라도 상대방의 호감을 얻을 수 있다. 인간은 사회적인 동물이기에, 자신에게 관심을 주고, 집중을 하는 사람에게 더 마음이 갈 수밖에 없다. 미국의 수필가 올리버 웬델 홈즈는 이런 말을 했다. '말하는 것이 지식의 영역이라면, 듣는 것은 지혜의 영역이다.' 말을 잘 하는 사람은 대단하지만, 잘 듣는 사람은 위대하다는 것을 알려주는 명언이다. 그런데 상대방의 말에 집중하는 것은 실제로 해보면 생각보다 어렵다. 상대방의 표정과 몸짓도 지속적으로 읽어야하며, 그에 맞는 적절한 리액션도 필요하기 때문이다. 또한, 대화 중간중간 적절한 질문을 통해 상대방으로 하여금 '이 사람이 내 얘기를 잘 듣고 있구나.'라는 걸 인지시켜줘야 한다. 그러나 이런 약간의 수고를 통해 상대방의 마음을 얻을 수만 있다면 당연히 이 정도 노력은 해야 한다. 〈마음을 사로잡는 경청의 힘〉이라는 책에는 이런 구절이 나온다. '경청은 대화의 과정에서 신뢰를 쌓을 수 있는 최고의 방법이다. 경청할 때 상대방은 자신의 감정이 인정받았다는 안도감을 갖게 되고, 이는 혹여나 생길지도 모르는 위협감이나 위화감을 해소해준다. 사람에게는 누구나 생존 본능이 있다. 이 본능이 위협 받을 경우 어떤 상호 작용도 적대적일 수밖에 없고, 그 결과 상대방에게 어떻게든 저항하게 된다. 하지만 경청은 이 날카로운 인간의 본능을 누그러뜨려 상대방으로 하여금 편안하게 말할 수 있도록 도와준다. 경청을 통해 당신은 상대방에게 당신의 메시지와 감정을 아주 쉽고 효과적으로 전달할 통로를 확보하게 된다.' 처음 만난 상대를 대할 때 낯을 가리지 않는 사람은 드물다. 낯을 가리는 이유는 단 하나다. 상대방에 대한 확신이 없기 때문이다. 내가 이런 말을 했을 때, 이런 가치관을 전달했을 때 상대방이 공격적인 반응을 하거나, 시큰둥한 반응을 하면 어떡하지라는 불안감이 마음 한 켠에 있다. 그러나 상대방이 내 말을 경청하고 적절한 리액션을 취하는 순간 그런 불안감은 눈 녹듯 사라지고, 그렇게 내 말을 잘 들어준 상대방에게 고마움과 더불어 호감을 갖게 된다. 또한 경청은 더욱 더 적절한 말을 할 수 있게 도와준다. 잘 듣는 사람이 더 잘 말한다. 잘 들어야 상대방에게 좋은 질문을 할 수 있고, 또 상황에 맞는 단어를 선택해 문장을 뱉을 수 있기 때문이다. 명심하자. 잘 말하는 사람에게는 귀를 열지만 잘 듣는 사람에게는 마음을 연다. 상대방의 귀를 열기보다는 마음을 여는 사람이 된다면 상대에게 훨씬 더 매력적인 사람으로 인식될 것이다.

2. 상황에 맞는 구체적인 칭찬을 한다.

'칭찬은 고래도 춤추게 한다.'라는 명언이 있다. 하지만 이 명언은 반은 맞고 반은 틀리다. 예전에 만나면 항상 나에게 대단하다며 엄지를 추켜세우는 사람이 있었다. 그런데 왜 나한테 대단하다고 하는지 이유도 딱히 모를뿐더러, 매번 뭐만 하면 대단하다고 하니 오히려 불편했다. 물론 비난보다는 훨씬 낫겠지만 이처럼 상대방이 마음 깊숙이 받아들일 수 없고, 공감할 수 없는 칭찬은 자주 해봤자 공수표만 남발하는 것과 같다. 하지만 매력적인 사람들은 TPO(시간- Time, 장소- Place, 상황- Occasion)에 맞는 칭찬을 한다. '오늘 예쁘네요.'라기보다는, '두르고 나온 빨간 스카프가 되게 잘 어울리세요. 오늘 날씨와

완전 찰떡인데요!'같은 식이다. 상대방의 외모를 직접적으로 칭찬하기보다, 그 사람의 노력을 칭찬하며 간접적으로 '당신 참 멋진 사람이다.'라는 것을 상대에게 인지시켜주는 것이다. 이런 영혼 충만한 칭찬을 받은 상대방은 당연히 그 칭찬을 한 상대에게 호감을 가질 수밖에 없다.

3. 예의 바르게 솔직하다.

때로는 너무 솔직하면 부담이 되고, 또 많은 걸 숨긴다 싶으면 의문스럽다. 예를 들면 첫 만남에 민감한 가정사를 다 공개한다거나, 꽤 오래 알고 지냈음에도 불구하고 자신의 얘기를 하지 않는 경우다. 하지만 매력이 있는 사람들은 자신의 솔직함을 센스 있게 드러낸다. 예전에 책을 출판하기 전 권민창 대표님에게 원고를 보냈고, 출간 계약을 했다. 계약한 책이 나오기 전에는 당연히 '100% 잘 될 수밖에 없다.'라고 얘기하거나, '목숨을 걸고 열심히 하겠다.'라는 식의 반응을 할 거라 생각했는데, 권민창 대표님은 달랐다. '윤호현 작가님, 원고를 읽는데 참 편하게 잘 읽힙니다. 좋은 책이 될 거 같고요. 그런데 솔직하게 말씀 드리면 현재 인력상 작가님의 책을 1순위로 마케팅할 여력은 안 될 거 같습니다. 저도 다 잘 될 거다, 우리 믿어라, 걱정 마라 라는 말씀을 드리고 싶지만 솔직하게 말씀 드리는 게 장기적으로 서로에게 좋다고 생각합니다. 그럼에도 불구하고 저희 믿어주시고 계약해주셔서 진심으로 감사드립니다. 꾸준히 마케팅도 하면서 상황 공유 드리겠습니다.' 나는 이때 권민창 대표님의 이 솔직한 태도에 적잖은 감동을 받았다. 그리고 분명 이 분은 훨씬 더 잘 될 거라 생각했다. 무례하지도 않고, 그렇다고 의문스럽지도 않은 그 선을 명확히 지켜 예의 바르게 솔직한 대처를 해주셨고 그렇게 첫 책을 마인드셋과 함께 기분 좋게 작업할 수 있었다. 약점을 공유하는 것, 안 좋은 상황을 상대에게 알리는 것이 스스로의 가치를 떨어뜨리는 것이라 생각하고 금기시하는 사람들이 있다. 하지만 반드시 명심해야 할 것은, 약점을 공유하는 것이 곧 약점에서 벗어나는 방법이라는 것이다. 자기 스스로에게 솔직해지고, 상대방에게 솔직해진다면 단언컨대 그 사람은 계속해서 발전할 수밖에 없고, 누구에게나 매력적인 사람으로 비춰질 수밖에 없다. 실리콘 밸리 인재 교육의 산실인 애플대학에서 '팀장 리더십'에 대한 강의를 했던, 베스트셀러 〈실리콘 밸리의 팀장들〉 저자 킴 스콧은 '솔직함의 궁극적 목표는 협력을 통해서 혼자서는 불가능한 성과를 올리는 것이다.'라는 말을 했다. 세계 최고의 인재들이 모여있는 실리콘 밸리에서도 '극단적인 솔직함'은 회사의 효율과 가치, 그리고 팀원들의 신뢰도를 올릴 수 있는 가장 좋은 수단이라는 것이다.

이처럼 상대방에 대한 배려와, 상대를 향한 신뢰를 바탕으로 한 솔직함은 결국 그 사람의 매력을 배가시켜준다. 오늘 나는 상대방에게 어떤 사람이었는가, 그리고 어떤 감정을 선물하는 사람이었는가. 누군가에게 다시는 만나고 싶지 않은 사람이 되기보다는, 언제든 만나면 기분 좋은 감정을 선물하는 매력적인 사람이 되길 바란다.

16.

인간관계 스트레스를 해소해줄 명언

1. 불을 대하듯 사람을 대하라.

그리스의 위대한 철학자 디오게네스는 '불을 대하듯 사람을 대하라. 다가갈 때는 타지 않을 정도로. 멀어질 때는 얼지 않을 만큼만.'이라는 명언을 남겼다. 이 말인즉슨 관계에는 적당한 거리가 반드시 필요하다는 말이다. 대부분의 인간관계는 기대에 의해 형성되고 또 실망에 의해 무너진다. '내가 8이나 줬는데, 저 친구는 나한테 왜 2밖에 안 주지?' '나는 6만큼 저 친구를 생각하는데 저 친구는 왜 나를 3만큼만 생각하지?'라는 식이다. 하지만 너무 가까우면 가까울수록 상대방에게 부담만 주게되고 기대는 집착으로 변질되게 된다. 소중한 관계를 지키기 위해서는 불처럼 사람을 대해야 한다. 너무 가까워지지도 또 너무 멀어지지도 않는 그런 적정한 선. 2022년, TVN 예능 프로그램 '유퀴즈 온 더 블럭'에 출연한 이정재는 20년 넘게 정우성과 막역한 사이로 지내지만, 아직도 서로 존댓말을 한다고 했다. 그 이유에 대해 유재석이 물어보자, 그는 이렇게 대답했다. '남자 선배 2명을 봤어요. 그런데 그 둘은 오랫동안 친구였음에도 불구하고 서로 존대를 하더라고요. 왜 존대를 하냐 물어봤더니 너무 좋아하니 더 위해주고 존중해주고 싶어서 그렇다고 하셨어요. 그때부터 저는 누구에게 존대를 해야 하나 고민했어요. 그런데 우성 씨가 저에게 그런 사람이었어요. 20년 넘게 한 두 번은 싸우고 서운해서 안 볼 수도 있을 법한데 한 번도 그런 일이 없었습니다. 친한 사이일수록 더 위해주고 아껴주면 더 오래갈 수 있구나를 알게 됐어요.' 20대 때 알고 지내, 어느덧 50이 넘은 둘도 아직 존대를 하며 서로를 존중하고 각자의 선을 지키며 좋은 관계를 유지한다고 하는 걸 들으면서 많은 생각이 들었다. 가까워진다는 의미는 말을 놓거나, 그 사람의 모든 걸 내가 알아야 한다라는 강박이 절대 아니다. 한 걸음 뒤에서 그 사람을 지켜보며 부담 되지 않는 선에서 서로가 서로를 존중한다면 그 관계는 훨씬 더 건강하게, 오래 갈 것이다.

2. 남의 먼지를 털 시간에 내 먼지를 털어라.

연예인 사유리는 '남의 먼지를 털어내는 데 집중하다보면 어느 순간 그 먼지가 나에게 쌓여 있다.'라는 명언을 남겼다. 이 말인즉슨, 상대방의 흠결을 꼬집고 비난하다보면, 그 흠결이 나도 모르는 순간 나에게 독소처럼 쌓인다는 말이다. 연예인 신동

엽은 '저는 뒷담을 절대 하지 않아요. 뒷담을 하는 순간 그게 나에게 배로 돌아오더라고요.'라는 말을 했다. 인간관계를 맺다보면 상대방의 단점이 보일 수밖에 없다. 그러나 그 단점을 다른 사람들에게 전하거나, 앞에서 할 수 없으면서 뒤에서 그 사람의 흉을 본다면 결국 그것은 나에게 약점으로 다 돌아오게 되어있다. 남은 나의 거울이다라는 말이 있다. 결국 내가 상대방에게 불편하게 생각하는 것들이 곧 내가 갖고 있는 나의 단점이라는 소리다. 상대방의 단점이 보이면 그것을 흉보고 다른 사람에게 전달할 시간에, 나는 그런 단점을 갖고 있지는 않은지 다시 한번 돌아봐야 한다.

3. 내가 마음의 여유가 생겨야 행복한 인연을 맺을 수 있다.

영화 배우 윌 스미스는 '자신이 먼저 행복한 다음에 다른 사람을 만나야 서로 행복해질 수 있다.'라는 명언을 남겼다. 내가 마음이 어렵고 힘들 때 누군가를 만나면, 그 사람에게 온전히 집중할 수도 없고, 또 그 시간이 행복하게 느껴지지도 않는다. 마음과 다른 부정적인 말과 행동들이 나오게 되고, 결국 내가 불행하기에, 상대방도 나와 있는 시간이 불행할 수밖에 없다. 예전에 친했지만 지금은 인연을 끊은 지인이 있다. 그 지인은 만날 때마다 '죽겠다.' '세상이 참 어렵다.' 같은 부정적인 말을 반복했다. 나는 그 시기 한창 열심히 살기 위해 노력할 때였고, 그런 나의 노력들을 얘기하면 '너는 집이 그래도 어렵지 않잖아.' '나도 잘 나게 태어났으면..' '그거 해서 뭐하냐?'라는 식으로 나의 노력을 폄하하고 깎아내렸다. 당연히 그 친구를 만나고 집에 돌아오면 기분이 좋지 않았고 결국 서서히 멀어지게 됐다. 명심하자. 내가 먼저 마음의 여유가 생겨야 좋은 인연, 행복한 관계를 맺을 수 있다는 걸.

4. 상처에 의연해져라.

세계적인 영화 배우 모건 프리먼은 '상대방의 말에 상처를 입는 것은 상대의 말 때문이 아니라 그 말을 무시하지 못한 나에게 책임이 있다.'라는 말을 했다. 언뜻 보면 한 없이 냉정하게 들리는 말이지만, 정말 맞는 말이다. 예를 한 번 들어보겠다. 세계적인 부호 일론 머스크에게 '당신은 왜 이렇게 가난한가요?'라고 말한다면, 일론 머스크는 코웃음치며 넘길 것이다. 자신이 가난하지 않다는 사실을 이미 잘 알고 있기 때문이다. 상대의 말에 상처를 받는 이유는, 결국 내가 그 사실을 인정하는 것과도 같다. 법륜 스님은 즉문즉설에서, 상대의 거친 말에 상처를 받아 고민이라는 내담자에게 이런 말을 했다. "그 사람이 병을 갖고 있다고 생각하면 좋습니다. 병을 가진 환자라고 말이죠. 병을 가진 환자의 반응을 정상인의 표현이라고 생각하며 맞대응하면 나에게도 그 병이 전이된 겁니다. 부처님께서 어떤 바라문의 집에 탁발을 갔을 때, 바라문이 부처님에게 화를 내고 욕을 하자 부처님께서는 같이 화를 내고 욕을 하지 않고 그저 빙긋 웃었습니다. 상대의 부정적인 언행에 맞대응하면 그 병이 나에게도 전염되고 전이되는 것과 같기 때문이죠. 그렇게 한참 욕을 하던 바라문이 비난과 모욕을 멈추자 그에게 이렇게 물었다고 합니다. '바라문이여, 당신의 집에 손님이 와서 선물을 주는데 받지 않으면 그 선물은 누구의 것인가?' 그 바라문은 '당연히 받지 않았으니 손님의 것이지요.'라고 말했고, 부처님은 '나 또한 그러하다.'라며 웃으며 대답했다고 합니다. 이처럼 상대방의 병이 나에게 전이되지 않게 하려면 맞대응을 하지 않아야 합니다. '저 사람은 환자구나'라고 생각하면 편해요." 이처럼 상대방에게 화를 내기보다, '얼마나 인생이 불쌍하면 저럴까?'라는 측은함으로 나의 감정을 돌린다면, 상대방의 무조건적인 비난과 근거 없는 까내림에도 의연하게 대처할 수 있을 것이다.

5. 모두가 자신을 좋아하기를 바라는 것은 지나친 기대다.

작가인 리즈 카펜터는 '대부분의 사람들은 내 편도 아니고 내 적도 아니다. 그리고 내가 어떤 걸 하든 나를 싫어하는 사람은 있게 마련이다. 모두가 자신을 좋아하길 바라는 것은 지나친 기대다.'라는 명언을 남겼다. 인간관계에는 3:3:4 법칙이 있다. 어떤 자리에 가든 10명 중에 3사람은 나를 무조건적으로 좋아하고, 또 3명은 내가 어떤 행동과 말을 하든 나를 싫어하고, 또 나머지 4명은 나에게 크게 관심이 없다라는 것이다. 하물며 국민 MC 유재석도 욕을 먹는다. 모든 사람이 나를 좋아할 수는 없다. 내가 아무리 잘 보이려 애쓰고 노력한다한들 나를 싫어하는 사람은 있기 마련이다. 예전에는 모두에게 사랑받고 싶었다. 내가 그 사람에게 어떻게든 맞추면 나중에는 나를 좋아해주겠지라는 근거 없는 기대를 했다. 그러나 그렇게 내가 아무리 맞추고 베풀어도, 그런 사람들은 나를 오히려 호구 취급하고 이용했다. 그 이후로는 나와 결이 잘 맞는 사람들에게 나다움을 보여주며 건강하게 성장하자고 생각했고, 훨씬 더 삶이 편해지고 행복해졌다. 다시금 말하지만, 모든 사람에게 사랑 받을 수는 없다. 나를 싫어하는 사람들에게 지나친 스트레스를 받기보다 그 스트레스에서 의연해지는 연습을 해야 하며, 나를 좋아하는 사람들과 좋은 얘기만 하고, 좋은 에너지를 받으며 건강하게 인생을 살아가야 한다.

부록

말을 간결하게 해야 하는 이유는

1. 사람을 끌어들이는 힘이 있다.

2. 자신감이 느껴지고 믿음이 생긴다.

3. 대화가 재밌고 지루하지 않다.

4. 말하는 본인도 혼란스럽지 않다.

5. 말실수가 현저히 줄어든다.

6. 덕분에 나중에 수습할 일이 없다.

7. 전하고자 하는 바를 분명히 전할 수 있다.

　　말을 간결하게 잘하면 여러 좋은 점이 있다. 특히, 상대방을 설득하는 데 큰 도움이 된다. 부모님을 설득할 때, 회사 면접을 볼 때 등 우리 삶은 순간순간 상대방을 설득해야 할 때가 많기 때문이다. 또한 말을 잘 하면 외면은 물론 내면까지 아름다워 보인다. 학교나 회사 면접 중 '인성면접'이 큰 영향을 주는 이유다. 사람은 말하는 투, 내용에서 그 사람의 내면이 반영되고, 우리는 그 사람의 말로 그 사람을 판단하곤 한다. 어딜 가나 말 잘하는 사람이 많다. 그들 사이에서 경쟁력을 갖추기 위해서는 말을 잘해야 한다. 단지 말을 '많이'하는 게 아니라, '잘'해야 한다. 이 시대가 자꾸만 '소통'을 강조하는 이유다. 따라서 수많은 정보가 쏟아지는 현재, 말을 잘 하는 것은 강력한 무기가 된다. 그러면 말을 잘하기 위해 우리는 무엇을 해야 할까. 복잡할 것 없다. '말하기 연습'에 충실하면 된다. 다만, 아무 생각 없이 말만 하는 건 아니다. 듣는 사람에게 내가 어떤 모습으로 보였으면 좋겠는지 생각하고 실제로 그런 모습일 거라 상상하며 말을 해야 한다. 말이 가진 힘은 생각보다 엄청 크다. 그래서 반복해서 직접 내뱉는 말은 실제로 이뤄지는 경우가 많다. 우리가 분명하고 간결한 말하기를 연습해야 하는 이유다. 원하고 바라는 모습이 있다면, 내가 실제로 그런 사람이 되었다 생각하고 말해보자. 연기하거나 자아도취에 빠지라는 게 아니다. 어떻게 하면 스스로 뱉은 말을 지킬 수 있을지 고민하고, 행동하고, 실제로 움직이라는 것이다. 이것이 숙달되면 당신의 삶은 변하기 시작한다. 지금 당신이 반드시 이뤄야 하는 목표가 있다면, 간결하고 분명하게 정리해서 말해보자. 그러면 생각이 바뀌기 시작하고, 행동이 바뀌고, 인생이 바뀐다. 자신을 믿고 자신 있게 말해라. 당신은 분명 해낼 사람이다.

17.

말실수 90% 줄어드는 명언

1. 감정이 앞설 때는 말을 줄이고 침묵을 지켜라.

상대방과 대화를 하다보면, 의견충돌이 생기거나 상대가 나를 무시한다는 느낌이 들어 감정적으로 변할 때가 있다. 이럴 때 내가 뱉는 말들은, '그때 내가 왜 그랬지?'라고 평생 이불킥을 할 만큼 평소 이성적인 나라면 절대 하지 않는 말일 확률이 높다. 예전에 나도 그랬었다. 상대방과 대화하다 격분하면, 상대의 말에 바로 반응을 해서 '내가 지금 너 때문에 화가 단단히 났어!'를 표현해야 한다고 믿었고, 제대로 생각조차 하지 않고 날것의 반응을 보여줬다. 그러나 이렇게 충분히 생각하지 않고 내뱉는 말은 대개 최악의 결과를 초래하는 경우가 많다. 감정이 앞서면 많은 문제가 일어난다. 크게 화가 나지 않는 상황에서도, 감정이 앞서 더욱 큰 화를 초래하고, 또 한 번 감정적으로 뱉은 말을 지키기 위해 알량한 자존심을 부리며 더 큰 문제를 야기하기도 한다. 쓸데 없고 의미 없는 이야기에 시간과 감정을 소비하며 소비적인 시간을 보낸다. 그렇기에 아무리 화가 난다 하더라도 감정이 앞설때는 반드시 침묵을 할 필요가 있다. 탈무드에는 '때로는 침묵이 어떠한 말보다 효과적이다. 침묵은 가장 큰 힘이다.'라는 문장이 적혀 있다. 감정이 앞설 때 더더욱 조심하고, 스스로를 자중시키자. 침묵하는 연습을 해보자. 단 5초만 침묵하며 이성적으로 내가 지금 어떻게 행동해야 하는지 스스로에게 물어보자. 그렇게 5초 뒤에 나오는 답변은 별다른 고민 하지 않고 감정적으로 내뱉는 말보다 훨씬 더 이성적이고 합리적일 것이다.

2. 오해의 소지를 만드는 언급은 절대 하지 마라

예전에 자신의 인맥을 엄청 자랑하는 A가 있었다. 그 사람은 말끝마다 '제가 누구랑 친한데..' '제가 이런 이런 걸 잘 하는데...'라고 하며 자신을 계속해서 어필하려 애썼다. 그런데 정작 A가 자신이 친하다고 주장한 사람에게 A를 아냐고 물어보면 '그냥 지나가다 한 번 본 사이다.'라며 황당해했고, 잘 한다고 해서 믿고 맡겼던 일을 정말 최악으로 만들어서 다시는 A와 일을 하지 않고 만나지도 않았던 기억이 있다. 이처럼, 자신이 잘 모르는 분야에 대해서는 명확하게 입을 닫아야 한다. 잘 알면서도 과도한 겸손으로 인해 자신을 낮추고 스스로를 폄하하는 행위는 당연히 자제해야겠지만, 알지도 못하는 분야에 대해 아는 척을 하고, 잘 알지도 못하는 사람임에도 '그 사람과 친하다고 하면 내 수준이 올라가겠지.'라는 태도로 상대에게 그 사람의 얘기를 쉽게 하는 가벼움은 반드시 지양해야 한다. 명심하자. 오해의 소지를 만들면 그 오해를 해명하느라 훨씬 더 많은 에너지를 쓴다. 잘 모르면 모른다고 하자. 이걸 말해도 될까라는 의문이 든다면 차라리 말하지 마라. 찝찝한 마음을 평생 가져가는 것보다 차라리 모르는 사람으로 비춰지는 게 훨씬 더 낫다.

3. 자리에 없는 사람에 대해 비하하는 발언은 조심해라.

미 월간지 디 애틀랜틱에서는 뒷담화가 다른 사람을 분발하게 만드는 자극제 역할을 하기도 한다는 연구 결과를 발표했다. 다른 사람의 나쁜 소문을 교훈 삼아 자신의 행동을 되돌아보는 촉매제 역할도 한다는 것이다. 살아가며 한 번도 남의 뒷담을 하지 않아본 사람은 없을 것이다. 그만큼 사람들은 남의 얘기를 하기 좋아하고, 또 남의 결점을 흉보기 좋아한다. 사람들이 뒷담화를 좋아하는 이유는 3가지이다.

첫 번째는 정보 습득에 대한 욕구다. 돌이켜보면 우리는 일어나서 잘 때까지 다른 사람들의 정보를 계속해서 습득하고 수집한다. 우리의 삶과 전혀 관련 없는 지구 반대편의 축구 선수들이 어떤 기분인지 궁금해 하고, 나와 전혀 상관 없는 연예인의 연애 상대는 누구인지 엄청나게 알고 싶어한다. 뒷담화도 마찬가지다. 뒷담화에서 나오는 말들은 내가 몰랐던, 그 사람에 대한 정확하지는 않지만 자극적인 정보다. 그래서 그런 자극적인 정보들에 나도 모르게 빠져들게 된다.

두 번째는 상대방과의 결속 강화다. 뒷담화를 하는 사람들의 99%는 이런 말을 한다. '이거, 너만 알고 있어야 돼.' '너한테만 말해주는 건데..' 절대 공개된 정보가 아닌, 철저히 프라이빗한 느낌을 주며 '우리 둘만 아는 거야.'라는 인상을 주는 것이다. 사람과 사람 사이를 가까워지게 하는데는 '공통점'만큼 좋은 것도 없다. '야, 너도 그렇게 느꼈어?' '걔가 그랬어?' '나도 설마설마 했는데...'라며 상대방이 느낀 감정이 나와 같다는 것을 공감하며 가까워지는 것이다.

마지막 세 번째는 단기적 스트레스 감소다. 뒷담화라는 것은 길티 플레져와 같다. 길티 플레져란, 어떤 일을 할 때 죄책감과

죄의식을 느끼지만 또 동시에 엄청난 쾌락을 만끽하는 심리를 표현하는 신조어다. 평소에 내가 감히, 생각도 못했던, 그 사람 앞에서는 꿈도 꿀 수 없었던 얘기들을 '뒷담화'라는 명목 하에 자유롭게 나누는 것이다. 그러다보니 통쾌함까지 느끼기도 한다. 하지만 이렇게 계속해서 뒷담화에 빠지게 되면, 단기적으로는 스트레스가 풀리고 뒷담을 나누는 상대방과 결속이 강화된다는 느낌을 받지만 장기적으로 이런 자극적인 이점들은 결국 스스로를 파멸시킨다. 그리고 내가 계속해서 누군가의 뒷담화를 하다보면, 나는 나도 모르는 새 '누군가의 뒷얘기를 좋아하는 사람'이라는 인식을 얻게 된다. 너무 자주 남얘기를 하는 사람들을 보면서 때로는 '이 사람은 내가 없을 때는 내 얘기를 하겠구나.'라는 인식을 받은 적이 다들 있을 것이다. 뒷담화는 부메랑과 같다. 결국 나에게 다 돌아오게 되어있다. 그러니 내가 누군가에게 그런 사람이 되지 않도록 반드시 조심해야 된다.

4. 상대의 역린을 건드리는 말은 삼가라.

역린이라는 단어가 있다. 역린은 용의 목덜미 아래, 방향이

거꾸로 난 비늘이라는 뜻으로, 용에게 있어서 매우 부끄럽고 또 감추고 싶은 것을 말한다. 이 역린을 요즘 사람들에게 대입하면 '결코 남에게 보여주고 싶지 않은 치명적인 콤플렉스'라고 얘기할 수 있다. 누군가에게는 학벌이 될 수도, 또 누군가에게는 직업이 될 수도, 또 누군가에게는 외모가 될 수도 있는 것이다. 하지만, 친하고 가깝다는 이유로 상대방의 역린을 수시로 건드리는 사람들이 있다. 외모 콤플렉스가 있는 사람에게, '얘는 어릴 때부터 이렇게 생겼었어.' '야, 맨날 허구한 날 다이어트한다고 하면서 맨날 똑같냐.' '호박에 줄 긋는다고 수박 되냐?' 친함을 드러내는 요소로 상대방의 역린을 건드리고 깎아내리며, '나는 이 친구의 단점을 스스럼없이 말해도 괜찮아. 친하니까.'라는 생각을 하는 것이다. 그러나, 이런 사람들은 도리어 상대방이 자신의 역린에 스치려고만 해도 불같이 화를 낸다. 내가 하면 솔직함, 친하다는 증거고 상대방이 하면 더없는 무례함으로 받는 것이다. 상대방의 역린을 건드리는 태도는 어떤 경우에도 삼가야 한다. 한비자의 '제12편 : 세난'에서는 이런 말이 나온다. '설득할 때 힘 써야 할 점은 상대방이 자랑스러워하는 점은 칭찬해주고 부끄러워하는 부분을 감싸줘야 하는 것이다. 상대의 뜻을 거

스르지 않으며, 말투도 상대방의 감정을 건드리지 않아야 한다. 그런 뒤에야 자신의 지혜와 말재주를 마음껏 발휘할 수 있다.' 이처럼 상대방을 설득하고, 상대방에게 호감을 얻기 위해서는 상대의 역린을 건드리는 말을 삼가야 한다. 상대방의 마음을 헤아리고 상대방이 싫어하는 행동과 말을 하지 않으려 노력하는 것만으로도 그 사람의 마음을 쉽게 얻을 수 있을 것이다.

18.

성공하기 위해 반드시 기억해야 할 사실

1. 쓰레기장에 있으면 나도 쓰레기가 된다.

사람은 타고난 기질보다 환경의 영향을 훨씬 더 많이 받는다. 스탠포드 심리학 교수였던 필립 짐바르도는 어느 날 하나의 가설을 세운다. '만약 선한 사람을 악한 상황에 집어넣는다면 그럼에도 불구하고 선한 성격을 유지할 것인가, 아니면 악한 상황이 그들을 타락시킬 것인가?' 그게 궁금했던 짐바르도 교수는 바로 실행에 옮긴다. 그는 신문에 공고를 내 중산층의 좋은 교육을 받은 남성 24명을 모집한다. 이들은 아무런 범죄이력이 없을 뿐더러, 사회적으로 물의를 일으킨 적도 없는 지극히 평범한 대학생에 불과했다. 짐바르도 교수는 그들 24명중 9명을 간수, 9명을 죄수로 나눴고 나머지 6명은 혹시 모를 사태에 대비해 예비실험자로 편성했다. 이때 간수와 죄수를 나누는 기준은 없었다. 실험이 시작됐다. 짐바르도는 간수 역할을 맡은 학생들에게 이 3가지를 지키게 했다. 1. 육체적 폭력이 허용되지 않는 선에서 교도소의 질서유지에 힘쓸 것. 2. 수감자의 탈옥을 방지할 것. 3. 수감자들이 이 곳을 진짜 감옥처럼 느끼게 할 것. 그리고 실험이 시작됐고 1일차 되는 날 교도관 역할을 맡은 학생들은 이 3가지를 기준으로 총 17개나 되는 엄격한 규칙을 자발적으로 만들어냈다. 죄수 역할을 맡은 학생들은 발가벗겨졌고 머리에 스타킹을 썼으며 발목에 족쇄를 찼다. 죄수들은 이름이 없었다. 그들은 번호로만 불리었고, 한밤중에 간수들은 죄수를 깨워 얼차려를 줬다. 그러자 놀라운 일이 벌어졌다. 교육을 잘 받고, 한 없이 순했던 대학생들이 간수 역할을 맡은 순간, 굉장히 강압적이고 폭력적으로 변한 것이다. 그들은 간수들에게 몸에 맞지 않는 옷을 주고, 또 작은 반항에도 큰 벌을 주며 가혹행위를 했다. 간수들은 소화기를 사용해 죄수의 방문을 열고 들어가 침대를 밖으로 빼고 죄수들로 하여금 먹거나 쉬지도 못하게 했고, 크게 반항한 죄수들은 모두 독방에 넣었다. 이게 모두 불과 이틀 만에 일어난 일이었다. 2주 예정이었던 실험은 5일차에 종료될 수밖에 없었고, 짐바르도 교수는 후에 '이 연구는 상황과 시스템의 힘이 사람의 좋은 기질을 어떻게 압도할 수 있는지 볼 수 있는 전형적인 예다.'라고 밝혔다. 하지만 우리는 환경의 중요성을 간과한다. 변화하고 싶고, 성공하고 싶다면서 나를 지금까지 한계 속에 가뒀던 기존의 인맥들을 과감하게 끊어내지 못한다. 오래 알고 지냈으니, 많은 추억이 있으니, 친분이 두터우니라는 변명으로 그들과 여전히 많은 시간을 보낸다. 잔인한 이야기로 들릴 수도 있지만 정말 간절히 성공하고 싶다면, 만나는 사람을 바꾸고 환경을 변화시켜야 한다. 좋은 영향을 주는 사람들, 긍정적 에너지를 내뿜는 공간, 이미 성공한 인물들을 만나고 나를 그 안에 노출시킴으로써 내 잠재의식부터 바꿔야 한다. 사람은 무의식적으로 내 주변에 있는 사람들의 행동과 습관을 모방하고 따라하게 된다. 따라서 여러분이 성공하고 싶다면, 여러분이 원하는 삶을 사는 사람들과 자주 어울리고 대화를 해야 하며, 그 환경 속으로 스스로를 끊임 없이 집어넣어야 한다.

2. 인사를 습관화하라.

두 개의 식당이 있다. 한 식당은 맛은 괜찮지만 주인이 내가 들어갔을 때 스마트폰을 보며 인사를 하는 둥 마는 둥 한다. 밥을 먹을 때 반찬이 떨어져서 더 달라고 해도 얼굴을 찌푸리며 가져다준다. 이런 식당은 설령 맛이 좋더라도 다시는 안 가게 된다. 반대로 음식 맛은 그럭저럭이지만 문을 열고 들어가자마자 '어서 오세요!'라고 웃으며 씩씩하게 인사를 하는 식당이 있다. 반찬이 떨어질 때쯤 '혹시 반찬 더 필요하세요?'라며 와서 알아서 반찬을 갖다 준다. '고객님, 더 드시고 싶으시면 언제든 편하게 말씀 주세요.'라며 미소를 띠며 말한다. 이런 식당은 설령 맛이 그렇게 뛰어나지 않더라도 계속 가고 싶다. 내가 존중 받는 느낌이 들기 때문이다. 자신에게 미소를 띠며 친절하게 대해주는 상대방을 싫어하는 사람은 없다. 이처럼 인간은 자신이 존중 받고 있다고 느낄 때 상대방에 대한 호감을 가지게 된다. 러시아의 소설가 레프 톨스토이는 '친절은 세상을 아름답게 하고 모든 비난을 해결한다. 얽힌 것을 풀어헤치고, 곤란한 일을 수월하게 하며 암담한 것을 즐거움으로 바꾼다.'라는 명언을 남겼다.

뉴욕의 왕궁이라는 별칭을 가진 미국 최고급 호텔, 월도프 아스토리아. 하버트 후버부터 버락 오바마까지 미국 대통령 전원이 뉴욕 방문 당시 투숙했던 호텔이었고, 유엔 미국 대사들의 숙소로도 사용되는 뉴욕을 대표하는 호텔이었다. 이 호텔은 호텔 자체보다 설립에 얽힌 일화로 유명하다. 한 노부부가 악천후를 뚫고 여러 호텔을 전전했으나 하나같이 빈 방이 없어 곤란을 겪고 있었다고 한다. 그런데 어느 호텔의 웨이터가 빈 방은 없으나 괜찮으시면 자신이 사용하던 방에서 주무시는 것은 어떻겠냐는 제안을 했고 노부부는 친절함에 깊은 감동을 받았다. 그리고 다음날 아침, 노부인이 당신 같은 사람은 최고급 호텔의 주인이 될 자격이 있다고 했다. 훗날 젊은이는 노부부에게 뉴욕으로 놀러오라는 편지를 받았고 월도프 아스토리아로 안내되었다. 젊은이는 노부부가 뉴욕에 머무르는 동안 여기서 지내게 해주려는 것인지 생각하였으나 노부부는 그 날의 친절함에 대한 보답으로 막 설립한 호텔의 사장직을 젊은이에게 선사했다. 이 젊은이가 훗날 호텔업계에서 명성을 날리게 되는 조지 볼트였다. 상대에게 친절함을 베푼 대가로 엄청나게 큰 가치를 선물 받은 것이다. 말 한 마디에 천냥 빚을 갚는다는 말도 있다. 그만큼 내가 하는 예쁜 말이 상대방에게 진한 감동으로 전해져 나에게 훨씬 더 큰 이득을 가져온다는 것이다. 항상 친절하라. 웃으며 인사하라. 그렇게 형성된 습관은 나에게 엄청난 성공을 가져다 줄 것이다.

3. 성과보다는 가치를 생각하라.

기시미 이치로의 저서 〈미움받을 용기〉에는 '키네시스'적 인생과 '에네르기아'적 인생에 대해 다루는 내용이 나온다. 여기서 말하는 '키네시스'란 결과적인 인생을 뜻한다. 탄생을 시작으로 죽음으로 마무리 되는 인생과 삶인 것이다. 결국 죽음으로 도착하기까지의 모든 삶의 과정들은 쓸모 없는 것이 된다. 이 '키네시스'적인 사고를 현재에 대입해보면, 우리가 하는 모든 삶의 과정들은 성과가 없으면 의미가 없는 것이 된다. 그리고 성과를 낸다한들, 또 다른 성과를 찾아 헤매며 스트레스를 받게 된다.

이 키네시스적 관점으로 모든 걸 하면 우리의 인생은 항상 불행하고 불완전할 수밖에 없다. 하지만 '에네르기아'는 과정에 중점을 둔다. 삶의 모든 순간순간이 삶 그 자체며, 하루하루가 완전할 수밖에 없다. 그 과정에서 가치를 찾기 때문이다. 설령 성과가 나지 않더라도, 그 과정에서 내가 노력한 것을 인정해주고, 또 의미를 찾고 가치를 부여한다. 그렇기에 '지금' 이 순간에 항상 행복할 수 있는 것이다.

물론 성과지향주의도 반드시 필요하다. 아무런 성과가 나지 않는 일을 개선할 생각도 없이 반복하며, '나는 그래도 행복해.'라는 말만 되풀이하는 건 정신승리에 가깝다. 그러나 성과에만 매몰되어 지금 현재 내가 가고 있는 과정의 즐거움과 가치를 느끼지 못한다면, 그 성과를 이뤘을 때 기쁨도 잠시, 다시 공허감이 찾아올 것이고 또 다른 성과를 이루기 위해 급하고 여유 없이 사는 삶이 지속될 것이다.

4. 자기관리는 필수다.

국민 MC 유재석은 자기관리의 끝판왕이다. 그는 50이 넘은 나이에도 탄탄한 몸매, 날카로운 턱선을 유지하고 있다. 그는 지난 2012년, MBC '무한도전' 300회 특집에서 '나이가 들며, 갈수록 체력적으로 힘들어진다. 대비하지 않고 준비하지 않으면 안 된다. 추격전을 할 때 숨이 차고 버거워지더라. 그때 그토록 좋아하던 담배를 끊어야겠다는 생각을 했다. 내가 좋아하는 무언가를 포기하지 않으면 두 가지 다 잃게 되더라.' 라는 명언을 남겼다. 이처럼 자기관리를 꾸준하게 하는 사람들은 상대방에게 신뢰를 얻을 수밖에 없다. 몸은 단기간에 좋아지지 않는다. 바쁘더라도 하루에 30분씩 짬을 내서 운동을 했던 경험의 점들이 이어져, 현재의 자신을 만들어내는 것이다. 수많은 유혹을 이겨내고, 스스로와의 싸움에서 매일 승리한 사람들은 어떤 일을 해도 끈기를 갖고 최선을 다하며 상대방에게 신뢰를 가져다준다. 나이가 들었다고, 기초대사량이 떨어졌다고, 바쁘다고, 회식이 많다는 핑계로 자기관리를 놓지 말자. 자기관리는 0.3초 만에 나의 첫인상을 결정하는 가장 중요한 요소다.

19.

인생이 마음대로 잘 안 될 때 멘탈 붙잡는
4가지 조언

1. 지금 어려운 과정을 견뎌내면 더 나은 미래가 다가올 것이다.

인생이 바닥을 칠 때 그 과정을 딛고 일어나는 것은 오롯이 나의 몫이다. 그 누구도 대신 그 과정을 해결해줄 수 없다. 위임도 안 되고, 대리도 안 된다. 이 과정을 극복하지 못하면 나는 그 어떤 것도 극복해낼 수 없다. 하지만 한 번에 쉬지 않고 해내야만 하는 것도 아니다. 힘들면 잠깐 멈춰서 쉬어도 된다. 아예 포기하는 것이 아니다. 끈은 잡고 있되, 숨을 고르는 것이다. 2보 전진을 위한 잠깐의 휴식이다. 그리고 다시 도전하자. 끊임없이 두드리자. 그렇게 두드리다보면 어느새 당신은 정상에 있을 것이다.

2. 공허한 마음을 해결하는 것도 내 몫이다.

공허한 마음을 채우기 위해 타인을 찾는 사람들이 있다. 술 한 잔을 기울이며 이런 저런 넋두리를 한다. 잠깐은 공허함이 채워지는 듯 하지만, 결국 집으로 돌아오는 길에 더 큰 공허함이 찾아온다. 공허함을 채우기 위해 타인에게 의존하다보면 정작 혼자 있는 시간이 더 괴로워진다. 그러니 어떻게든 스스로 공허함을 채우기 위해 노력해야 한다. 왜 공허함을 느끼는지, 그 공허함의 기저에는 어떤 게 있는지, 나는 어떤 노력을 해야 하는지를 스스로가 묻고 답하며 찾아나가야 한다. 무엇보다 내가 나와 가장 친한 친구가 되어 공허함을 해결해야 한다는 것이다.

3. 결국 모든 건 다 지나간다.

밀란 쿤데라의 〈농담〉이라는 책은 복수의 덧없음을 보여준다. 이 책의 주인공인 루드빅은 대학 시절 여자 친구의 관심을 끌기 위해 엽서에 악의 없는 농담 한 마디를 적어 보낸다. 하지만 그 농담은 사회주의 체제에서 문제가 되는 농담이었고, 루드빅은 농담 한 마디를 적었다는 이유로 사회에서 축출돼, 15년 간 석탄을 캔다. 그렇게 세월이 흐른 후 루드빅은 자신을 그렇게 탄광으로 몰아냈던 옛 동료 제마넥을 만나지만, 제마넥은 더 이상 그가 복수를 할 만한 대상이 아닌 걸 알게 된다. 결국 복수라는 감정은 시간이 지나면서 희석되기 마련인 것처럼, 인생도 마찬가지다. 지금 내가 겪고 있는 고난과 어려움은 결국 시간이 지남에 따라 해결된다. 돌이켜보면, 어릴 때 큰일 났다고 생각됐던 일들, 인생의 가장 큰 고비라고 여겨졌던 사건들은 지금 생각해보면 정말 아무 것도 아니다. 그러니, 멘탈이 흔들리고 힘들 때는 이 문장을 반드시 기억하자. '이 또한 곧 지나가리라.'

4. 부정적인 감정을 피하지 않고 인정한다.

인간은 본능적으로 '부정적인 것'을 외면하려 하고 피하려 한다. 예를 들면, 나쁜 생각이 떠오를 때는 의도적으로 그 생각을 하지 않기 위해 노력하거나, 나쁜 소식을 최대한 생각하려 하지 않기 위해 애쓰는 것이다. 이를 무드 쉐임(Mood shame)이라고 한다. 무드 쉐임은 '나쁜 감정을 품는 자체가 스스로를 실패로 몰아넣는 것과 같다'라고 느끼는 생각을 뜻한다. 인간의 본능상 당연히 걱정, 분노, 슬픔 같은 부정적 감정을 피하고 싶은 게 당연하다. 그러나 심리학계에서는 이 부정적 감정을 피하는 것보다 받아들이고 극복하려 노력하는 태도가 스스로에게 장기적으로 훨씬 좋다는 연구결과를 밝혔다. 캘리포니아 버클리 대학교 아이리스 마우스 심리학 교수는 1,000명의 참가자에게 아래 3가지 질문을 주며 1부터 7까지 점수를 매기도록 했다. 3가지 질문은 다음과 같다.

1. 비이성적이거나 부적절한 감정을 가진 스스로에게 비판적인 태도를 갖고 있다.
2. 감정을 있는 그대로 받아들이면 안 된다고 스스로에게 다짐한다.
3. 부정적이거나 나쁜 감정은 절대로 느껴서는 안 된다.

　그런데 놀라운 결과가 일어났다. 이 3가지의 질문에 더 높은 점수를 기록한 사람들은 우울증이나 불안 증상을 잘 통제하는 것이 아니라, 불안 증상을 쉽게 보이는 것으로 나타난 것이다. 뿐만 아니라 이들은 삶의 만족도나 행복감도, 자신의 부정적인 감정을 인정하고 받아들이는 사람보다 확연하게 낮았다. 부정적인 감정을 억지로 누르고, 회피하려는 노력은 자칫하면 스스로의 '수치심'과 '두려움'을 계속해서 증대시킬 수 있다. 그러니 부정적인 감정을 마냥 피하려고 노력하기보다, '지금 내가 이런 감정을 느끼고 있구나.'를 인정하고 받아들이며, 어떻게 극복할지 고민한다면 단언컨대 훨씬 더 건강하고 행복한 삶을 살 수 있을 것이다.

20.

진짜 좋은 사람을 만났다는 증거 4가지

1. 대화 코드가 잘 맞는 사람

　몇 년을 알고 지내도 만날 때마다 불편하고 어색하며 잔뜩 긴장하게 되는 사람이 있는 반면에 첫 만남에도 대화가 잘 통해, 내 모든 것을 알려주고 싶은 사람이 있다. 이처럼 대화 코드가 잘 맞다는 것은, 관계를 진전시키는데 있어 굉장히 중요하다. 비슷한 결의 대화를 하고, 또 비슷한 취미를 갖고 있으며, 비슷한 생활 패턴을 지키는 사람과의 대화는 늘 즐거울 수밖에 없다. 대화 코드가 잘 맞다는 것은, 단순히 말이 잘 통한다라는 것만 의미하지 않는다. 그 대화 안의 숨겨진 의미를 센스 있게 포착하고 상대방이 원하는 답을 해주는 것을 의미한다. 예를 들어 상대방이 나에게 '날씨가 참 좋죠?'라고 물었다고 해보자. 이 물음이 의미하는 것은 어떤 것일까? 단순히 날씨가 좋은지 몰라서일까? 아니면 날씨가 좋다는 자신의 의견에 동의를 구하고 싶어서일까? 둘 다 아니다. 그냥 이것은 '당신과 대화를 트고 싶습니다.'라는 간접적 호의다. 이런 기본적인 센스를 구비한 사람과 대화를 하면 코드가 잘 맞고, 함께 있는 시간이 즐겁다. 내가 어떤 의도를 갖고 말을 하는지, 내 말에 숨겨진 의미를 포착하고 그에 맞는 대답을 해주기 때문이다. 이런 사람들은 대개 상대방과의 대화에서 경청할 줄 아는 사람들이다. 상대에게 집중하고, 또 상대의 말을 귀담아 듣기 때문에 상대방이 진짜 원하는 게 무엇인지 경험적으로 잘 알고 있는 것이다. 이처럼 대화 코드가 잘 맞는 사람, 함께 있을 때 늘 즐겁고 웃음이 끊이질 않는 사람이 있다면 반드시 곁에 둘 필요가 있다.

2. 마음가짐이 긍정적인 사람

마음가짐이 긍정적이고 낙관적인 사람과 함께 있으면 나 또한 행복해진다. 지금도 자주 연락하며 긴밀한 관계를 유지하고 있는 형이 있다. 이 형은 항상 내가 힘들 때 연락해서 하소연을 하면 '호현아, 너 정말 잘 하고 있어. 너처럼 그렇게 열심히 사는 애 없어. 곧 진짜 너 큰일 낸다. 내가 믿어.'라며 항상 힘을 줬다. 이 형과 전화를 하고 나면 이상하게 없던 힘도 생기고, 또 문제에 대한 나의 태도도 달라졌다. 이 형의 좋은 기운을 느낀 사람은 나뿐만이 아니다. 그래서 항상 그 형의 주변에는 사람이 많았다. 이처럼 긍정적인 사람 주변에는 긍정의 기운을 가진 사람들이 넘친다. 그리고 그들은 하지 못하는 변명을 찾기보다, 어떻게든 해야 할 이유를 만든다. 그리고 묵묵히 해낸다. 물론 매사에 무한 긍정을 갖고 사는 태도는 지양해야 한다. 혹여나 실패할 가능성에 대비해 최소한의 비판적 사고는 견지할 필요가 있다. 그러나 이 비판적 사고가 커지면 스스로를 잡아먹는다. 도전하고 실행할 시간도 부족한데, '안 되면 어떡하지?' '큰일 날 수도 있겠는데?'라며 의미 없는 두려움에 빠져 시간을 잡아먹힌다. 어떤 대표는 매출 감소를 보고 '큰일 났다.' '망했다.'라며 직원들을 닦달하지만, 또 어떤 대표는 매출 감소에서 '오히려 이번에 제대로 정비하고 갈 수 있는 좋은 기회다. 달이 차면 기울고 기울면 다시 찬다. 우리도 다시금 올라 갈 것이다.'라며, 긍정적인 말로 직원의 사기를 북돋아준다. 이런 마음가짐을 가진 사람을 곁에 두자. 긍정의 말, 희망의 말을 내뱉는 사람과 함께 좋은 대화만 하자. 인생이 확연히 달라질 것이다.

3. 서로에게 칭찬을 아끼지 않는 사람

1968년, 하버드 대학교 사회 심리학과 교수였던 로젠탈 박사는 한 심리학 실험을 한다. 로젠탈 박사는 당시 샌프란시스코의

한 초등학교를 대상으로, 교육자가 학생들에게 기대를 하고 칭찬을 할 때 학생들의 학업 성취도가 얼마나 차이를 내는지에 대한 구체적인 실험을 했다. 이들은 성적과 관계 없이 무작위로 초등학생들을 선정했고, 그 가운데 20%를 실험군으로 정했다. 학생들은 본인이 실험대상이라는 것도 몰랐고, 선생님들도 예외는 아니었다. 오로지 연구진들만 이 20%에 해당하는 학생들이 누구인지 알고 있었다. 연구진들은 학생들의 담임 선생님에게, '실험군으로 선정된 아이가 다른 아이들에 비해 IQ가 월등하게 높습니다. 그래서 공부를 잘 할 겁니다.'라는 거짓 정보를 주었다. 선생님들은 당연히 그 말이 진실인양 여기며 교육에 임했다. 그리고 8개월이 지나 학생들의 지능 검사를 시행한 결과, 놀라운 일이 벌어졌다. 실험군 학생들의 지능이 그렇지 않은 학생들보다 향상폭이 훨씬 더 높았던 것이다. 실험군 학생들의 성적도 당연히 더 높을 수밖에 없었다. 선생님들은 실험군 학생들의 지능이 높다고 믿고 그들에게 꾸준히 기대하고 관심을 주며 칭찬을 아끼지 않았다. 이를 로젠탈 효과라고 한다. 이는 비단 어린 아이들에게만 해당되는 것이 아니다. 인간은 누구나 칭찬받고 싶어 한다. 하지만 오래 알고 지내면 상대방에게 칭찬하는 걸 부끄러워하고, 그러다보면 칭찬에 인색해진다. 그럴 때는 대놓고 칭찬을 하기보다, 상대방의 행동에 대한 나의 긍정적 감정을 언급하면 어떨까. '오, 방금 행동 되게 센스 있는데? 나도 다음에 써 먹어야겠다' 같은 식으로 말이다. 칭찬은 하면 할수록 는다. 적극적으로 상대방의 장점을 찾아 칭찬해주고, 단점이 아니라 장점을 봐주는 사람들과 즐거운 시간을 보낸다면 인생도 훨씬 다채로워진다.

4. 다퉜을 때 대화로 풀 수 있는 사람

　평소에는 차분하다가 갑자기 화가 나면 공격적인 성향을 보이는 사람들이 있다. 이들의 분노 게이지는 일반인들과 다르다. 넘치는 감정을 주체하지 못해 극단적인 행동이나 말로 상대에게 상처를 준다. 이를 분노조절장애라고 한다. 누구나 기분이 평탄하고 좋을 때는 아무런 문제가 없다. 하지만 인간이기에 지내다보면 서로 불편한 상황이 발생하게 된다. 그때 그 사람이 어떻게 대처하는지가 그 사람의 본성을 보여준다. 반면에 정말 좋은 사람들은 이런 갈등 상황에서도 차분하다. 지금도 연락을 하고 지내는 친구가 그런 사람인데, 이 친구는 나와 갈등을 빚을 때마다 이런 식의 대화법을 보여줬다. '호현아, 생각해봤는데 내가 이런 이런 점은 경솔했던 거 같아. 미안하다. 그런데 이런 이런 부분에서 내가 너에게 아쉬움을 느낀 거 같아. 이런 부분에 대해서는 어떻게 생각해?' 자신의 잘못을 먼저 인정하고, 그 후에 나에게 아쉬운 점을 조심스레 물어보는 품격 있는 태도에 당연히 갈등은 금방 풀렸고, 그 친구와 나는 갈등이 있을 때마다 더욱 더 단단해졌다. 이처럼 다퉜을 때도 서로 큰 스트레스 없이 대화로 잘 풀 수 있는 사람이 곁에 있다는 것은 큰 축복이다. 이들은 본성 자체가 선하고 상대방을 위할 줄 아는 사람들이다.

이런 4가지 유형의 사람들과 즐거운 대화를 하며, 긍정적인 시간을 보내다보면 어느새 나도 모르는 새 충만한 행복감을 느끼며 건강하게 성장할 것이다.

부록

무례한 사람이 자주 하는 말

1. 솔직히 말해서~

2. 너 생각해서 하는 말인데….

3. 너가 잘 됐으면 해서 그래.

4. 그거 내가 해봤었거든?

5. 내가 할 말은 하는 성격이라….

6. 돌려 말하면 못 알아 듣잖아.

7. 너는 착하니까….

8. 원래 너 안 그랬던 거 같은데?

　무례한 사람이 남을 깎아내리며 자기 자존감을 채울 때 쓰는 말이다. 쓸데없는 오지랖과 참견을 하며 존중을 가장한 선 넘는 말들. 순수한 마음은 절대 아니고 듣는 사람 기분은 생각 않으며 입으로 배설하는 것이다. 정말 상대방이 잘되길 바란다면 자기중심 사고에서 벗어나야 한다. 상대방이 먼저 요청해야 조언이자 충고가 되는 것이지, 나서서 하는 건 훈수이자 간섭일 뿐이다. 자기가 하는 말이 충고가 되려면 듣는 사람이 충고를 원해야 하고 자기가 하는 말이 조언이 되려면 듣는 사람이 조언을 필요로 해야 한다. 시도 때도 없이 참견하고 오지랖 부리는 주제에 자기가 상대방을 위한다고 생각하는 건 어리석은 태도다. 이런 사람들은 남을 깎아내려야만 자존감을 채울 수 있는 불쌍한 사람이다. 이런 무례한 사람을 곁에 가만히 머물게 두면 안 된다. 그런 사람이 내 인생을 망친다.

21.

살면서 꼭 알아야 할 3가지

1. 아무에게나 고민을 말하지 마라.

삶을 살아가다보면 많은 고민이 생긴다. 그 고민을 혼자 끙끙 앓기보다, 사람들과 이렇게 저렇게 나누다보면 뭔가 기분이 좋아지고, 고민이 해결되는 느낌도 들긴 한다. 하지만, 내가 상대를 믿고 나눴던 고민이 때로는 나에게 더 큰 상처로 돌아오는 경우가 있다. 예를 들면, 어려운 가정 형편에 대한 애기를 A에게 했는데, 전혀 모르는 B가 나의 가정사를 다 아는 경우. 심지어 고민을 털어놨을 때 실제로 부정적인 감정이 나아지거나, 고민이 해결되지 않는 경우도 많다. 심리학자 버나드 리메는 '내 어려운 사정을 타인에게 말한다고 해서, 나의 부정적인 감정상태가 호전되는 것은 아니다.'라는 말을 했다. 상대에게 고민을 말함으로써 현재 감정은 일시적으로 나아질 수 있지만, 부정적인 감정을 발생시키는 근본적인 문제는 전혀 해결되지 않았기 때문이다. 예를 들면 이런 것이다. A는 어머니의 몸상태가 많이 안 좋다. 어머니의 병간호를 시간을 들여 해야 하기 때문에 고민이고, 그로 인해 스트레스를 받는다. 그래서 이 사실을 B에게 털어놓았다. 하지만 B는 A의 고민을 해결해줄 수가 없다. 그를 대신해 아픈 어머니의 병간호를 해줄 수도 없을뿐더러, 치료에 드는 많은 돈을 지원해줄 수도 없다. B도 나름대로 A의 고민에 공감하고 위로를 하지만 결국 '부정적인 감정을 발생시키는 문제' 자체는 전혀 해결된 게 없다. 또한 이렇게 누군가에게 계속해서 과도하게 고민을 털어놓고 위로를 받으려 할 경우, 사람들은 내가 부담되어 나를 피할 수밖에 없다. 중학생 수천 명을 대상으로 한 실험에서도, 내 속마음을 친구에게 과도하게 털어놓는다면 이것은 나에 대한 이상한 소문과 가십거리로 변질되며 심할 경우 왕따까지 당하게 됐다고 한다. 그렇다고 나 혼자 고민을 끙끙 앓기에는 너무도 힘들고 또 고민의 무게가 크다면, 내가 정말 신뢰할 수 있는 사람에게만 고민을 털어놓길 바란다. 우리의 주변에는 정말 다양한 사람들이 있다. 나에게 호감을 가진 사람도 있고, 나에 대해 아무런 생각이 없는 사람, 나에게 열등감을 갖고 자격지심을 가진 사람도 있다. 그런데 상대방이 나를 어떻게 생각하는지 크게 고려하지 않고, 고민을 얘기한다면 그 고민은 나에게 약점이 될 수도 있고, 또 더 큰 문제로 돌변해 돌아올 수도 있다. 그러니 내가 고민을 얘기했을 때, 그 고민에 대해 진심으로 걱정해주고, 또 나름대로의 인사이트를 줄 수 있는 사람에게 고민을 얘기하자. 그러면 생각보다 내가 했던 고민이 별 게 아니구나라는 안도감을 가질 수도 있고, 마냥 어렵게만 생각했던 고민이 술술 풀리는 경험을 하게 될 것이다.

2. 한 번은 실수지만 두 번은 습관이다.

　인간은 불완전하기에 누구나 실수를 한다. 잘 못하는 것은 실수를 통해 개선하고 배우면 되고 다음에는 실수하지 않으면 된다. 그러나, 이 실수가 반복되면 이건 습관이고 실력이다. 그리고 이 실수가 반복되면 정말 큰 사고가 일어난다. 하인리히 법칙은 '사소한 것이 큰 사고를 야기하고, 작은 사고 하나가 연쇄적인 사고로 이어지는 것.'을 뜻한다. 1920년대 미국 여행 보험 회사 관리자였던 허버트 W.하인리히는 약 7만 5천 건의 산업 재해를 분석한 결과 아주 흥미로운 법칙 하나를 발견했다. 이 법칙은 다음과 같다. '산업재해 중에서도 큰 재해가 발생했다면 그전에 같은 원인으로 29번의 작은 재해가 발생했고, 또 운 좋게 재난은 피했지만 같은 원인으로 부상을 당할 뻔한 사건이 300번 있었을 거라는 사실.' 그래서 이 법칙은 1:29:300으로 널리 알려졌다. 이것은 비단 산업재해에서만 통용되는 것이 아니다. 예를 들어보겠다. 내가 상대방과의 약속 시간을 지키는데 어려움을 겪는다. 매번 늦지만 고치기가 힘들다. 한 번 정도는 괜찮지만, 이런 것들이 쌓이고 쌓이면 결국, 내 주변에 나를 믿는 사람이 단 한 명도 없어진다. 이것은 큰 사고와도 같다. 자신의 신용도가 제로라는 것은 어떤 걸 하더라도 사람들의 도움을 받을 수 없다는 것이니까. 이런 안 좋은 습관이 계속 반복되지 않기 위해선 어떻게 해야할까? 실수를 했을 때는 당사자에게 진심 어린 사과와 재발 방지를 약속해야 한다. 불가피한 상황으로 약속 시간에 늦었다면, 적어도 30분 전에 장문의 메시지를 보내거나, 어떤 이유로 늦었다고 사과하며, 어떤 식으로든 표현을 해야 한다. 예를 들면 커피 기프티콘을 보내거나, 만나서 식사를 대접하는 경우다. 스스로에게 이런 식으로 금제를 걸어버리면 쓸데없는 금전적 지출을 막기 위해서도 약속 시간을 잘 지키게 된다. 발 없는 말이 천리를 간다라는 속담이 있다. 좋은 소문보다 나쁜 소문은 3배 이상 빠르게 퍼진다. 육체적, 신체적 사고만이 사고가 아니다. 내가 지금 당연하게 생각하고 습관적으로 저지르는 실수들이 결국 나중에 나의 이미지에 치명적인 악영향을 끼친다.

3. 하지 않은 일에 대한 후회가 가장 미련하다.

후회는 '이전에 자신이 내린 결정이 잘못된 것이라고 느끼는 감정'이다. 그리고 여기에는 크게 두 가지의 감정이 있는데 첫 번째는 어떤 일을 했지만 그 일에 대한 결과가 만족스럽지 않을 때, 그 선택이 아니라 다른 선택지를 했으면 어땠을까라는 후회다. 그리고 두 번째는 하고 싶었던 것을 용기내어 하지 못한 것에 대한 후회. 심리학자 토머스 길로비치는 이 두 가지 후회 중에 훨씬 더 미련이 남고 후회감이 큰 후회는 2번째 후회라고 말한다. 그는 사람들에게 살아온 생애를 되돌아보며 가장 후회하는 것을 말하게 했고, 응답자 약 75%는 '그때 그것을 하지 못했던 것'에 대한 후회를 말했고, 25%는 자신이 했던 잘못된 행동에 대한 후회를 했다. 그렇다면 왜 우리는 하지 않은 일에 대한 후회를 더 크게 하는 것일까? 내가 한 일에 대한 후회는 이미 현실로 나타나있다. 어제 저녁 야식을 먹었기 때문에 오늘 얼굴이 부은 것이다. 그러나 하지 않은 일에 대한 긍정적 예측은 현실이 아닌, 말 그대로 상상이기 때문에 무한한 가능성을 가질 수밖에 없고, 쓸데없는 기대감을 불러일으키는 것이다. 예를 들면 이런 것이다. '우리 집이 조금만 더 잘 살았더라면..' '내가 그

때 공부만 좀 더 열심히 했더라면…'' '5년 전에 비트코인을 샀더라면…' 이런 가정들은 우리 삶에 하등 도움이 안 된다. 내가 바꿀 수 없는 선택에 대한 절망감과 아쉬움에 시간을 보낸다면 현실에 충실할 수 없다. 돈을 열심히 벌어봤자, '이 돈 모으려고 1년 열심히 일할 바에, 5년 전에 비트코인에나 몰빵할 걸.' 같은 쓸데없는 생각이 계속해서 떠오르고, 그렇게 되면 현실감각을 잃거나, 열심히 사는 삶 자체가 무의미하다고 느낄 수 있기 때문이다. 소설가 캐서린 맨스필드는 이런 명언을 남겼다. '결코 후회하지 마라. 뒤돌아보지 마라. 후회는 쓸데없는 기운의 낭비다. 후회로는 아무 것도 이룰 수 없다. 단지 정체만 있을 뿐이다.' 하지 않은 일에 대한 후회로 의미 없는 시간을 낭비하기보다, 현재 나에게 주어진 현실을 충실히 살자. 못 해봤던 것들을 지금이라도 하나하나, 천천히 해나가며 재정비하자. 그렇게 꾸준히 살다보면 훨씬 더 성공적인 삶을 살아갈 것이다.

22.

행복한 사람일수록 절대 쓰지 않는 말투

누군가가 어떤 걸 물었을 때, 좋아하는 것보다 싫어하는 것의 비율이 압도적으로 높은 사람들이 있다. 예를 들면 이렇다.

'영화 보는 거 좋아해?' '아니, 싫어. 볼 시간 없어. 바빠'

'그럼 요리하는 건?' '너무 오래 걸려. 나 요리하는 거 싫어. 그냥 시켜먹으면 되지.'

이들은 겉으로는, 싫어하는 게 많은 이유를 '좋아하는 것만 하기에도 부족한 인생이니까' '돌려서 말하지 않고 솔직하게 말하는 게 편하니까'라고 얘기하지만 사실 이들이 싫어하는 게 많은 '진짜' 이유는, '해보지 않은 것'과 '싫어하는 것'을 혼동하기 때문이다. 그렇기에 해보지 않은 것들을 '싫어하는 것'으로 쉽게 판단하고 자신이 애써 그것과 멀어지려 한다. 그러나 이들에게 가장 필요한 자세는 해보지도 않아놓고 먼저 두려워하고, 그것과 애써 멀어지는 게 아니라 설령 해보고 별로더라도 용기를 내서 도전했다는 경험이다. 그 과정에서 자신에게 맞는 것들을 찾게 되고, 그 경험은 '해보지 않은 것'을 '안 맞을 거 같아서 앞으로도 계속 안 할 것'이 아니라 '막상 해보니 정말 좋았던 것들'로 만들어준다. 결국 삶의 행복은 내가 쌓은 다양한 경험의 축적으로 결정된다. 나쁜 경험, 좋은 경험들을 골고루 겪다보면, 나중에는 내가 정말 좋아하는 경험과, 가치가 어떤 건지 알게 된다. 그러니, 정말 행복하게 살고 싶다면 '경험해보지 않은 것'들을 '싫어하는 것'으로 치부하는 게 아니라 '해보니 좋았던 것'으로 만드는 태도가 필요하다. '나 그거 싫어.'가 아닌, '안 해봤는데, 한 번 해볼까?'라는 적극적 태도로 자신의 인생 경험치를 쌓아간다면 이전보다 훨씬 더 행복을 자주, 깊이 느끼게 될 것이다.

23.

진짜 인성 좋은 사람만 갖고 있다는
3가지 특징

1. 식당 직원에게 정말 친절하다.

인성이 갖춰진 사람은 누굴 만나든 존중과 배려를 보여준다. 이들은 관계를 갑과 을이 아닌 사람과 사람으로 바라본다. 그 사람의 진짜 인성을 볼 수 있는 방법은 바로 자신이 잘 하지 않아도 크게 상관 없는 사람에게 하는 행동을 보면 된다. 예를 들면 식당 종업원에게 하는 태도라거나, 발렛 파킹을 담당해주시는 분에게 하는 태도, 편의점 직원에게 하는 태도 등이다.

예전에 일적으로 만났던 분 중에 이런 사람이 있었다. 다정하고 싹싹해 일도 잘 할 거 같아, 일을 함께 하려는 순간 발렛 파킹을 해주시는 분에게 '여기'라며 키를 던졌다. 그때 느꼈다. '이 사람은 나에게 얻을 게 없어지면 나를 저런 식으로 대하겠구나.' 기본적인 인성이 안 된 사람들과 함께 무언가를 한다면 나만 스트레스 받고 상처 받는다. 그러니 그 사람의 진짜 인성을 알고 싶다면, 자신이 얻을 게 없는 사람에게 하는 말이나 행동을 유심히 보자.

2. 삿대질이나 폭언을 절대 하지 않는다.

상대를 향해 삿대질을 하는 건 자신에게 공격적인 성향이 있다는 걸 무의식적으로 알리는 것이고, 폭언은 상대를 자신의 아래로 두고, 통제하려는 성향을 보여주는 것과 같다. 2017년, SBS 스페셜 '생존의 조건'에서 이국종 교수가 출연해 중증외상 환자 치료가 얼마나 시간을 다투는 일인지 얘기했다. 이 프로그램에서는 중증외상환자들을 다루기 위해 고군분투하는 장면들과, 그런 그들을 이해하지 못하는 사람들이 나온다. 여기서 나오는 트럭 기사가 있다. 환자를 태운 헬기를 착륙시킬만한 장소가 없어 주차장 교통을 통제하자, 통제한 대상에게 삿대질을 하며 폭언을 한다. '아니, 뭐 차를 통제를 시키고 헬리콥터 뜬다고 xx이야! 죽고 살다니요. 지금 헬기 떴수? 떴어요 지금?' 이라며 '다른 데서 구조해서 오고 있다고요.'라고 말해도, '그럼 헬기가 왔을 때 차를 빼라고 하고 통제를 하라고 시키든가.'라며 되려 화를 했다. 이런 사람들을 보며 참 화가 많이 났다. 남에게는 당연하게 손해를 강요하면서, 자신에게는 1g도 안되는 손해가 와도 용납하지 못하는 사람들. 그리고 그 표현을 격하게 하며 상대방에게 깊은 마음의 상처를 남기는 사람들. 이런 사람들은 단언컨대 반드시 멀리해야 한다. 솔직하다는 변명으로 상대의 가슴을 후벼파는 사람들은 나를 존중할 노력도, 의지도 없는 사람들이다. 실제로 막말과 욕설을 듣는 것은 우리의 건강에도 엄청난 악영향을 미친다. 캐나다 세인트메리대 실험팀은 55명의 43세 간병인을 대상으로 혈압 측정을 한 결과를 발표했다. 이 결과, 자신의 직장에서 불쾌한 말을 들으면 혈압이 급속도로 상승하는 것은 물론, 다음 날까지도 그 혈압이 올라간 상태로 남아있다는 연구 결과를 미국 '직업 건강 심리학 저널'에 기고했다. 즉, 폭언이나 막말은 듣는 상대방에게 일시적으로 스트레스를 주는 것을 넘어 장기적으로 고혈압이나 심혈관계 질환 등의 심각한 질병을 유발할 수 있다. 이뿐만 아니라 우울증, 불면증도 초래할 수 있다. 폭언을 쓰는 사람들은 대개 인격적으로 미숙하고 자존심만 센, 자존감이 낮은 유형일 가능성이 높다. 이들은 낮은 자존감을 어떻게든 만회하고 싶어 상대방을 인격적으로 모독하고 자신이 우위에 서기 위해 폭언으로써 군림하려 한다. 만약 주변에 이런 사람이 있다면 반드시 걸러내자. 그리고 어떠한 경우에도 삿대질이나 폭언을 하지 않는 사람, 문제를 이성적으로 해결하려는 사람, 나를 동등한 관계로서 존중해주고 함께 있으면 편안한 사람들과 좋은 시간을 보내자.

3. 약자에게 약하고 강자에게는 강하다.

강자에게 비굴하고, 약자에게는 한없이 강한 사람들이 아니라, 약자를 존중하고 강자에게는 단호하며 자신의 의견을 당당하게 표출하는 사람들은 정말 멋진 사람들이다. 이들은 언제든 내 위치가 바뀔 수 있다는 것을 잘 안다. 직장에서의 자신의 직급이 모든 걸 결정한다고 생각하지 않기에, 후임이라도 상대방을 존중한다. 밖에 나가면 그냥 형, 오빠, 동생, 아저씨, 아줌마가 되기 때문이다. 이들은 내가 솔직하게 의견을 표현해서 상대가 나를 싫어하면 어떡하지라는 생각 자체를 하지 않는다. 그런 생각을 하고 행동을 하는 순간, 내가 을을 자처하는 행위라 믿기 때문이다. '마요미' 마동석을 사람들이 좋아하는 이유도 이와 같다. 영화에서 마동석은 항상 절대적 강자의 역할이다. '범죄도시'에서는 선량한 사람들을 괴롭히고, 납치하며 살인까지 저지르는 흉악범들을 자비 없이 대하지만, 또 그는 영화에서 나오는 어린 아이나 할머니에게는 한없이 친절하고 다정하다. 이런 모습들이 대비돼, 비록 영화지만 사람들은 마동석이라는 사람 자체에 큰 매력을 갖게 되는 것이다. 이처럼 진짜 인성 좋은 사람들은 강강약약의 태도를 갖고 있다. 자신이 거리낌 없이 솔직하고 당당하기에 강자에게도 당당할 수 있으며, 약자에게도 좋은 인성으로 비롯된 건강한 성격으로 다정하게 대해주는 것이다. 주변에 이런 사람들이 있다면 절대 놓치지 말길 바란다. 이런 사람들과 함께 할 때 훨씬 더 크게 성장할 수 있을 테니까.

24.

삶을 완전히 바꾸는 긍정적인 말투

1. 나는 반드시 할 수 있다.

할 수 있다고 믿으면 안 될 건 이 세상에 단 하나도 없다. 성공한 사람들은 이 말을 매일 외쳤다. 유럽에서 초밥을 도시락화시켜, 10억 빚에서 7,000억 자산가로 변모한 〈웰싱킹〉의 저자 캘리최 회장님은 육 남매 중 다섯 째로 태어났다. 그녀는 집안 형편이 어려워 17살의 나이에 돈 없이 다닐 수 있는 야간 고등학교를 갔고 일찍이 취업을 했다. 그리고 문득 일본으로 패션을 배우겠다고 떠났고, 대학 졸업 후 패션의 나라 프랑스에서 일하다 전시 사업을 했다. 하지만 호기롭게 시작한 사업은 10억 원의 빚만 남긴 채 쫄딱 망했고, 그때 그녀의 나이는 40살이 넘었다. 하지만 그녀는 포기하지 않았고, 결국 다시 사업으로 재기해 세계적인 자산가가 되었다. 그녀는 항상 책이나 강연을 통해 '시각화'를 강조한다. 구체적으로 상상하고, 상상을 통해 시각화된 것들은 추상적인 명제보다 훨씬 더 쉽고 빠르게 나의 잠재의식 속에 새겨진다는 것이다. 예를 들어, '나는 35살까지 100억 매출의 CEO가 된다. 이미 될 수밖에 없다. 그렇게 믿어왔다.'라며, 자신이 잘 되는 모습만 상상하는 것이다. 성공의 여정에서 실패를 가정하지 않고 가능성을 아예 배제하는 사람들은 잘 될 수밖에 없다. 대놓고 무조건 무한 긍정을 하라는 것이 아니다. 그냥 실패한 모습 그 자체를 상상하지 않고 생각하지 말라는 말이다. 성공한 사람들은 특별한 재능이나 능력이 있어서 성과를 이룬 것이 아니다. 그들은 그들 스스로가 할 수 있다고 강력하게 믿었고, 그 여정을 꾸준히 걸었을 뿐이다. 100명이 마라톤에 참가한다. 결승점에는 100명을 위한 100개의 선물이 있다. 하지만, 레이스가 시작되면 대부분은 중도에 탈락한다. 결국 힘들지만 꾸준히 자신을 믿고, '할 수 있다.'라고 외친 2-3명만이 결승점에 도착한다. 그리고 그들은 한 사람당 30-50개의 선물을 독식하게 된다. 아무리 힘든 상황에서도 자신의 긍정적인 미래 모습을 시각화하고, '할 수 있다.'라며 스스로에게 힘을 주자. 내가 나를 믿으면 세상도 나를 믿는다.

2. 나는 행복한 사람이다.

현재 연봉 20억, 현대홈쇼핑 GA 사업단장이자 〈상위 1%의 압도적 대화법〉의 저자인 김형준 단장은 젊은 시절부터 보험으로 많은 돈을 벌었다. 포르쉐 브랜드의 차를 타고 다녔고, 부모님께도 1억 원을 선물하며 승승장구했다. 하지만, 그는 36살의 조금은 늦은 나이에 암흑의 시기를 겪는다. 지점장이 되어 관리자로서의 역할을 해야 했는데, 그의 팀원들이 다 나가는 굴욕적인 상황을 겪게 된 것이다. 팀원들이 일을 하는 것에 인센티브가 그의 수입에 결정적인 영향을 미쳤기에 못 벌때는 월급이 7,80만 원이었다고 한다. 그때 방황하던 그에게 아프리카 TV 관계자가 BJ 제안을 해왔고, 뭐라도 해야겠다고 생각해 시작한 첫방송에 실시간 올라오는 채팅창에서 이런 댓글을 보게 된다. '이 병X, 망하니까 이제 별 짓을 다하는구나 ㅋㅋ'

그렇게 첫 방송은 마지막 방송이 되었고, 그는 그 날 눈물을 흘리며 강한 다짐을 한다. '성공으로 복수하겠다.' 그는 그때 연봉 5천 만원을 꿈꾸며 매일 매일 스스로에 대한 자기확언을 했다. 그가 매일 아침, 거울을 보며 한 자기확언은 아래와 같다. '나는 살아있음에 이미 성공했다. 나는 억세게 운이 좋은 사람이다.(3번 반복) 나는 부모님의 자랑스러운 아들이자 든든한 남편이다. 나는 무한한 긍정으로 살겠다. 나는 내가 생각하고 기록하고 말하고 행동한 대로 전부 이뤄왔고 앞으로도 전부 이룰 것이다.' 얼굴은 부어있고 피부는 엉망이고 일그러진 얼굴이었지만 그는 꾸준히 이 말을 하며 스스로에게 힘을 줬다. 그리고 그는, 불과 3년 만에 월소득이 100배 상승하게 됐다. 이처럼 자기확언은 내 삶을 나도 예상치 못한 곳으로 데려다준다.

그러니 스스로가 행복한 사람이라 강력하게 믿자. 그 믿음을 바탕으로 긍정적인 삶을 살자. 그렇게 살아가다보면 내가 생각했던 것보다 훨씬 더 큰 행복이 나를 찾아올 것이다.

3. 모든 건 나에게 열려있다.

내가 하는 모든 일이 나에게 열려있다고 생각하면 두려울 게 없다. 그냥 하기만 하면 다 되기 때문이다. 모든 일들이 닫혀 있다 생각하고, 할 수 없다고 생각하면 할 수 없게 된다. 하지만, 모든 것이 다 나를 위해 열려있고, 나를 애타게 기다리고 있다고 생각하면 다 해낼 수 있다. 누군가는 미신이라고 하고, 또 누군가는 말도 안 된다며 까내리겠지만 실제로 이런 긍정적인 생각을 하며, 그 생각을 말로 뱉고 스스로의 목표나 꿈을 설정하는 사람과 그렇지 않은 사람은 엄청난 차이를 보인다. 1953년, 미국 명문대학교 예일대학에서는 졸업생들에게 한 실험을 한다. '당신은 목표를 설정했는가?' '그 목표를 글로 적었는가?' '목표를 이루기 위해 계획은 세웠는가?'라는 세 가지 질문을 학생들에게 한 것이다. 그리고 그 실험 결과, 모두 '그렇다'라고 말한 졸업생은 불과 3%에 그쳤다. 그로부터 20년 뒤인 1973년. 놀라운 결과가 밝혀졌다. 1953년 졸업생 중, 총 자산의 97%를 소유한 사람들이 바로 모두 '그렇다'라고 대답한 3%의 학생이었던 것이다. 목표를 갖고 그 목표를 글로 적었으며 세부적인 계획을 세우고 스스로를 믿었던 3%는 세계적인 리더가 되었고, 이 3%는 그렇지 않았던 나머지 97%보다 훨씬 더 많은 부와 명예를 누리고 있었다. 이처럼 스스로를 믿고, 모든 것이 다 가능하다는 긍정적 생각을 하며 구체적인 목표 설정을 하고 살아간다면 안 될 건 없다. 내가 생각하는 막연한 꿈을 명확한 비전으로 바꾸고 그 비전과 일치되는 목표를 세운 뒤 그것을 시각화하고 입밖으로 내뱉으며 자신감을 갖고 살아야 한다. 그렇게 생긴 자기확신은 결국 여러분을 반드시 성공으로 이끌어줄 것이다.

25.

우아하게 늙어가는 사람들의 특징 3가지

인간의 몸은 유한하기에, 모든 사람은 시간이 지날수록 자연스레 나이를 먹고 늙어갈 수밖에 없다. 하지만 가끔, 여전히 나이가 무색할 정도로 늙지 않고 우아하게 젊음을 유지하는 사람들을 볼 수 있다. 건강한 마음으로 세월을 초월한듯한 에너지를 내뿜는 그런 사람들. 이들에게는, 세월이 지나가며 자연스레 나이를 먹고, 평범하게 늙는 사람들과 다른 3가지 특징이 있다.

첫째, 나이를 벼슬이라고 여기지 않는다.

주변에 보면, '저렇게 늙지 말아야지.'라는 생각이 드는 사람들을 보게 된다. 예전에 모임에서 만났던 사람이 있었다. 그 사람은 초면에 '어려보이는데 나이가 어떻게 돼요?'라고 묻더니, 내 나이를 듣고 다짜고짜 '내가 나이 많으니까 말 편하게 할게.'라며 나의 동의를 구하지도 않고 혼자 결정한 뒤 말을 편하게 했다. 이런 불쾌함은 비단 나만 느낀 것이 아니었다. 그 자리에 있는 모두가 그런 불편함을 느꼈다. 그 모임 자리 이후로 이 사람을 다시는 본 적이 없는데, 결국 그 사람이 그런 행동을 한 건, 내세울 게 나이밖에 없었기에라고 생각한다.

반면에 아직까지 연락을 하며 지내는 내가 생각하는 '진짜 어른'이 있다. 이 분은 딱 봐도 연세가 지긋하시지만, 초면에 나에게 나이를 묻지도 않았고 지금도 여전히 '호현씨'라며 나에게 존대를 한다. 업계에서 어느 정도 유명하고, 내가 배울 점이 많은 사람임에도 불구하고 나를 소중한 인격체로 대우하고 존중해주는 것이다. 역설적으로 이 분은 어른 대접을 원하지 않지만, 모든 사람들이 이 사람을 어른이라고 생각하고 대우해준다. 그리고 그 분을 보며 나도 나이가 들면 저런 어른이 되어야겠다고 다짐하게 됐다. 이처럼 누구에게나 존중받는, 우아하게 늙어가는 진짜 어른들은 태도부터 다르다. '내가 괜히 나이를 먹은 게 아니지'라며 내세울 게 나이밖에 없는 가짜 어른이 아니라, 나이를 불문하고 누구를 만나도 항상 예의를 갖추며 진짜 어른처럼 품위 있게 행동한다. 그런 품위 있는 행동을 한다면, 자연스레 상대방은 나를 존중해줄 것이며 결국 건강한 관계를 유지할 수 있을 것이다.

둘째, 시간을 내서 운동한다.

나이가 들수록 성장호르몬이나 기초대사량이 줄어들며 살이 찌기가 쉽다. 더구나 사회생활을 하게 되면 늦게까지 진행되는 술자리나 잦은 회식으로 자기관리를 하기가 쉽지 않다. 그러나, 우아하게 나이 드는 사람들은, 비록 젊은 시절과 똑같지는 않더라도 꾸준히 자기관리를 하기 위해 노력한다. 이들은 외적인 모습이 곧 자신의 부지런함을 보여주는 척도라 생각한다. 스스로를 너무 사랑하기에, 자신이 망가지는 모습을 결코 용납하지 않는 것이다. 남에게는 관대하지만 스스로에게는 엄격하기에 당연히 상대방에게도 좋은 인상을 줄 수밖에 없다. 나이가 들었다는 핑계로, 기초대사량이 낮아졌다는 핑계로, 시간이 없다는 핑계로 스스로를 놔버리지 말자. 누구에게나 존경 받는 어른은, 먼저 스스로에게 당당할 수 있는 사람이다.

세 번째, 긍정적인 마인드

두 명의 나이가 지긋한 어른이 있다. A는 자신이 늙어가는 모습을 보며 매일 매일 한탄한다. '눈가주름이 왜 이렇게 많아졌지?' '피부 탄력도 완전 없어지고..' '이제는 매일 매일 피곤하고 지친다. 어릴 때랑 너무 다르네.' 현재 자신의 모습을 과거의 모습과 비교하며 그때의 영광을 잊지 못한다. '어릴 때는 정말 괜찮았는데..' '젊었을 때는 잘나갔는데..'라며 현재 자신을 비하하고 폄하하는 것이다. 반면에 B는 다르다. '나이 드니까 예전만큼 체력은 없지만, 오히려 좋네.' '금전적인 부분에서 큰 문제가 없으니 다양한 것들을 해봐야겠다.' '뭐든 많이 경험해봤으니, 내 취향이 어떤건지 정확히 알 수 있어 행복하다.' B는 나이가 늘어가며 스스로의 모습을 비하하고 폄하하기보다, 나이가 먹었음에도 불구하고 할 수 있는 것들을 찾고, 또 그 과정에서 긍정적으로 생각하며 행복을 느낀다. 그런 마인드가 당연히 B를 만나는 사람들에게도 행복 바이러스로 전해질 수밖에 없다. 이처럼 늙어가는 자신의 모습을 비참하게 여기고, 비관적으로 생각하는 게 아니라 나이가 든다는 건 더 많은 경험을 한 것이고 또 그만큼 삶을 즐길 수 있는 기준들이 많아졌다라며 긍정적으로 생각한다. 그래서 이들은 하루하루를 즐겁고 알차게 보낸다.

나이가 들지만 우아하게 늙어가는 사람들은 나이를 벼슬인양 여기지 않고, 꾸준한 자기관리와 긍정적인 마음을 갖고 하루하루를 진취적으로 살아간다. 그 결과 많은 이들에게 부러움과 존경의 대상이 되었고, '우아하게 늙는 사람'이라는 이미지를 갖게 되었다. 따라서 시간이 지나도 평범하게 늙지 않고 우아하게 늙고 싶다면, 꾸준히 자신을 가꾸며 긍정적으로 살아가야 한다. 그래야지 나이가 먹어도 부끄럽지 않고 많은 사람들에게 존경을 받으며 멋지게 살아갈 수 있다. 자신을 가꾸고 아름답고, 긍정적이며 멋지게 살아가자. 그게 가장 우아한 인생을 살 수 있는 최고의 방법이다.

에필로그

소중하게 대해야 하는 사람

1. 실수를 눈감아준 사람

2. 힘든 날 곁을 지켜준 사람

3. 내 일을 자기 일처럼 돕는 사람

4. 중요한 날이 아니어도 나를 기억해주는 사람

5. 주고받을 때 계산하지 않고 진심을 다해주는 사람

6. 지금 떠오르는 사람

어쩌다 우연히 만나서 이렇게 인연이 되었고 이제는 없어서는
안 될 소중한 사람이 되었다. 친구, 연인, 가족 어떤 관계도 좋
다. 지금 생각나는 당신 덕분에 나는 오늘 하루도 견뎌냈다. 그

동안 모든 시간이 고맙고 앞으로 함께할 시간이 좋다. 함께 해주겠다고 약속해줘서 나는 고맙고 또 고맙다. 소심한 내가 말한다. 당신의 존재만으로도 든든하다고, 내 삶에 당신이 함께해준 덕분에 인생이 근사하고 아름다워졌다고. 그런 당신이 좋은 하루만을 보내면 좋겠다. 사람에 상처받지 않고 세상에 좋은 것들만 보면서. 행복한 날이 가득 넘치는 삶. 그런 삶을 나와 살면 좋겠다. 오늘도 편안한 하루를 보내길. 인간관계에서 절대 상처받지 않길. 소중한 당신을 소중히 지켜내길. 당신이 그런 행복한 삶을 살길 간절히 소망한다.

지쳤다는 건 노력했다는 증거

ⓒ윤호현. 2022

초판 1쇄 인쇄 2022년 12월 5일
초판 1쇄 발행 2022년 12월 15일

지은이 ┃ 윤호현
편집인 ┃ 권민창
책임편집 ┃ 권민창
디자인 ┃ 신하영, 이현중
책임마케팅 ┃ 윤호현, 김태환, 서준혁
마케팅 ┃ 유인철, 이주하
제작 ┃ 제이오
출판총괄 ┃ 이기웅
경영지원 ┃ 김희애, 박혜정, 박하은, 최성민

펴낸곳 ┃ (주)바이포엠 스튜디오
펴낸이 ┃ 유귀선
출판등록 ┃ 제2020-000145호(2020년 6월 10일)
주소 ┃ 서울시 강남구 테헤란로 332, 에이치제이타워 20층
이메일 ┃ mindset@by4m.co.kr

ISBN 979-11-92579-33-7(03190)

마인드셋은 ㈜바이포엠 스튜디오의 출판브랜드입니다.